高校劳动教育理论与实践研究

李景瞳　潘思雨 ◎ 著

吉林出版集团股份有限公司

图书在版编目（CIP）数据

高校劳动教育理论与实践研究 / 李景瞳，潘思雨著
. — 长春：吉林出版集团股份有限公司，2023.4
ISBN 978-7-5731-3046-4

Ⅰ. ①高… Ⅱ. ①李… ②潘… Ⅲ. ①劳动教育－教学研究－高等学校 Ⅳ. ①G40-015

中国国家版本馆CIP数据核字（2023）第 041957 号

高校劳动教育理论与实践研究
GAOXIAO LAODONG JIAOYU LILUN YU SHIJIAN YANJIU

著　　者	李景瞳　潘思雨
责任编辑	齐　琳
封面设计	林　吉
开　　本	787mm×1092mm　1/16
字　　数	217 千
印　　张	9.75
版　　次	2023 年 4 月第 1 版
印　　次	2023 年 4 月第 1 次印刷
出版发行	吉林出版集团股份有限公司
电　　话	总编办：010-63109269
	发行部：010-63109269
印　　刷	廊坊市广阳区九洲印刷厂

ISBN 978-7-5731-3046-4　　　　　　　　　　　　定价：78.00 元

版权所有　侵权必究

前　言

2020年3月20日，中共中央、国务院发布《关于全面加强新时代大中小学劳动教育的意见》（以下简称《意见》）。《意见》指出，劳动教育是国民教育体系的重要内容，是学生成长的必要途径，具有树德、增智、强体、育美的综合育人价值。实施劳动教育重点是在系统的文化知识学习之外，有目的、有计划地组织学生参加日常生活劳动、生产劳动和服务性劳动，让学生动手实践、出力流汗，接受锻炼、锻炼意志，培养学生正确的劳动价值观和良好的劳动品质。《意见》明确要求，设置劳动教育课程，整体优化学校课程设置，将劳动教育纳入中小学国家课程方案和职业院校、普通高等学校人才培养方案，形成具有综合性、实践性、开放性、针对性的劳动教育课程体系。

为贯彻落实新时代党对劳动教育的新要求，让劳动教育在高校落地、落实、落细，充分发挥劳动独特的育人价值，笔者撰写了这本《高校劳动教育理论与实践研究》。

本书在撰写过程中，参考和借鉴了劳动教育研究方面的文献资料、网络资源和相关的研究成果，在此向相关作者一并表示真诚的感谢！由于笔者水平有限，加之撰写时间仓促，书中不足乃至错漏之处在所难免，敬请广大读者批评指正，并对本书提出宝贵意见，帮助笔者在修订中不断完善。

李景瞳　潘思雨

目 录

第一章 绪 论 ·· 1
　第一节　劳动的价值 ·· 1
　第二节　劳动教育的意义和目标 ·· 3
　第三节　高校劳动教育的意义及指导思想 ······································ 6

第二章 新时代高校劳动教育的内容体系 ·· 11
　第一节　劳动观念 ·· 11
　第二节　劳动知识 ·· 16
　第三节　劳动实践 ·· 20
　第四节　劳动技能 ·· 23
　第五节　创造性劳动 ·· 27

第三章 全面构建新时代特征的劳动教育体系 ···································· 30
　第一节　理解劳动教育基本内涵 ·· 30
　第二节　明确劳动教育总体目标 ·· 34
　第三节　设置劳动教育课程体系 ·· 36
　第四节　确定劳动教育内容要求 ·· 38
　第五节　健全劳动素养评价制度 ·· 39

第四章 高校开设劳动教育课程基本要求 ·· 43
　第一节　高校劳动教育课程的组织机构及工作职责 ······························ 43
　第二节　基础劳动教育课程的基本要求和课程内容 ······························ 48

第五章 新时代高校劳动教育的分层实施 ·· 59
　第一节　学校层面的组织职责 ·· 59
　第二节　院系层面的实施职责 ·· 66
　第三节　教师层面的指导职责 ·· 70
　第四节　学生层面的学习职责 ·· 75

第六章 劳动教育培养新时代合格劳动者 ·· 79
　第一节　新时代劳动精神的内涵理解 ·· 79
　第二节　坚持劳动精神对于大学生成才的重要意义 ······························ 85

第三节　新时代劳动精神的基本要求……………………………… 88

第七章　引导学生继承新时代劳模精神……………………………… 91
　　第一节　新时代劳模精神的内涵理解……………………………… 91
　　第二节　劳模精神的核心要素……………………………………… 93
　　第三节　新时代劳模精神的具体表现……………………………… 94
　　第四节　新时代劳动模范的行动指南……………………………… 96

第八章　高校劳动教育实践…………………………………………… 99
　　第一节　校园劳动（保洁）工具功能与使用方法………………… 99
　　第二节　校园劳动保洁内容与要求……………………………… 106
　　第三节　大学生必须学会垃圾分类……………………………… 111

第九章　高校学生勤工助学劳动教育与实践……………………… 117
　　第一节　勤工助学概述…………………………………………… 117
　　第二节　勤工助学的意义………………………………………… 119
　　第三节　高校勤工助学的岗位设置……………………………… 124
　　第四节　大学生正确处理勤工助学与学习的关系……………… 126

第十章　新时代大学生义务劳动教育与实践……………………… 130
　　第一节　义务劳动概述…………………………………………… 130
　　第二节　义务劳动的意义………………………………………… 131
　　第三节　大学生应积极参加义务劳动实践……………………… 134

第十一章　大学生企业实训的劳动教育与实践…………………… 142
　　第一节　做好企业实训劳动教育，增强劳动意识……………… 142
　　第二节　规范企业实训劳动实践，落实劳动责任……………… 143
　　第三节　完善企业劳动预案，确保劳动有序…………………… 145

参考文献……………………………………………………………… 148

第一章 绪 论

第一节 劳动的价值

"劳动是世界上一切欢乐和一切美好事情的源泉。"[①] 这是高尔基对劳动的确切诠释，也是劳动的真谛和精髓。劳动是光荣的，它创造了灿烂的人类文明，创造了历史的辉煌，无一不显露出劳动的光荣，有时虽是星星点点，但却可星火燎原，照耀人心！

看我们的校园，紫色的丁香花，花儿清香四溢，翠绿的银杏叶儿，冒出了嫩芽儿，在这样优雅的环境中，我们舒心、安逸！可是，你可曾想过，清早时分，辛勤的园丁那忙碌的身影，一张一合的剪刀在他的手中舞动，经过精心的修剪，花儿才像是穿上了新衣裳似的可爱无比。美丽的校园，是园丁用汗水换来的，这就是劳动的价值！看到自己的劳动成果，园丁脸上会露出满足与欣慰，这就是劳动给人们带来的快乐。劳动是光荣的！劳动创造价值！

一、劳动的含义

哲学家说，劳动是人类创造物质财富或精神财富的活动，是人类维持自我生存和自我发展的唯一手段。那么确切来讲，劳动究竟是什么，有哪些含义？

1. 劳动是万物之源

世界上一切的事物，都是由劳动创造出来的。从传说中的盘古开天辟地以来，劳动让人们从结绳记事、钻木取火的时代，走向了现代文明，走向了富足。是劳动，创造了历史；是劳动，改变了世界。只有劳动，才能创造出崭新的世界！

2. 劳动是人类生存的本能

劳动使整个世界充满了希望，劳动在改变与加快着人类自身的发展进程。劳动促进了人类语言的产生，加速了信息的生产和传播；劳动促进了人的手与脚的分工，使人学会了制造和使用工具；劳动促进了人类的大脑和机体的进化，加速了信息的积累与处理；劳动促进了人与人之间的合作，推动了社会的进步和发展。

二、劳动的价值

劳动，让我们的生活变得色彩斑斓。我们无论从事哪个行业，只要付出了劳动，都会得到相应的收获。所以说劳动会创造价值，劳动会提高人们的幸福指数。

---

① （苏）高尔基.高尔基文集[M].李云朋译.北京：中国社会出版社，2000.

1. 劳动可以净化心灵，增强人们的体魄

（1）劳动能够强身健体，为人类的健康长寿打下良好的基础；

（2）劳动能使人心情舒畅、精神愉快，增强我们对生活的情趣和热爱；

（3）劳动能够磨砺人的心智，使人的毅力更坚韧，做事更有恒心和定力；

（4）劳动还可以开发脑细胞，提高人的智慧，增强自身灵敏度。

2. 劳动可以创造物质，满足人们的需求

物质是人类赖以生存的基础，是由劳动创造的。人类在世界上，最基本的目的是求生存，人活着需要物质生活，只有劳动才能使人自食其力，创造出满足人类所需的一切生活物质。人的劳动是为谋生，掌握谋生的本领，过上好日子。

3. 劳动可以创造财富，赋予人们精彩的人生

劳动是财富的源泉，劳动是打开财富之门的金钥匙。勤劳致富，奋斗成功。唯有勤勉踏实的劳动，才能体现个人的价值，才能牢牢托起一个又一个致富的梦想，才能推动社会进步。

中国很多知名品牌，从小作坊到走向中国，冲出亚洲走向全世界，靠的就是踏踏实实的劳动；义乌，从手摇拨浪鼓、走街串巷叫卖的鸡毛换糖，到今天赫赫有名的义乌小商品世界，靠的就是脚踏实地、点点滴滴劳动的积累。我们要知道，只有通过自己的勤奋劳动、诚实劳动、创造劳动，才能够实现小作坊到大企业的腾飞，才能实现财富梦！东汉末期中山商人张世平的故事、"老干妈"陶华碧的故事、马云创业的故事，都是劳动创造财富的故事。他们之所以会如此成功，就是他们付出了辛勤的劳动。劳动创造财富是永恒的真理，劳动创造的财富不浮躁、不奢华，是真正建立在牢固基础上的财富大厦。

劳动是永不褪色的旗帜，这面旗帜指引我们创造幸福美丽的人生，引领梦想铸造美丽的社会主义新时代！

三、劳动创造美丽人生

受传统思想的影响，学生脑海里高分至上，考上好大学，找到好工作才是最终目的，所以劳动的概念对于青年学生来说已逐渐模糊。作为新时代的青年学生要切实增强劳动意识：意识到劳动的美好；意识到不爱劳动的人终究会无所作为，生活也会了无情趣；意识到只有劳动才能创造美丽人生。

勤奋一定离不开劳动，智慧更离不开劳动，人类的成功离不开劳动，人类的一切成果都是用辛勤的劳动创造并结出的累累硕果。

劳动没有高低贵贱之分，劳动者都是平等的，只是劳动体现的形式不同：农民种地、工人做工、商人经商、老师传道授业、作家写作等等，每个劳动者都在为社会创造财富，每个人都在用劳动来回报社会。劳动既能自食其力，又能发挥自己的才能，更服务了

他人，如此社会便能和谐相处，世界才会处处充满爱的音符。

能劳动的人是最幸福的人，也是最快乐的人。劳动能赋予人生命的意义，可以让人生时刻充满激情和向往；劳动能让人自食其力，过好日子；劳动能使人身体健康、思维更加活跃、心智更加强大；劳动能使人发奋图强、自强不息；一个人能从劳动中享受知识和学问，享受人间的一切美好和快乐。

热爱劳动吧！只要爱上了劳动，就会拥有健康的体魄、积极的心态，拥有聪明的才智和最美丽的人生！

第二节 劳动教育的意义和目标

一、劳动教育的意义

劳动教育能使学生树立正确的劳动观点，端正劳动态度，进而树立劳动的意识。劳动教育的结果，能直接决定学生的劳动精神面貌、劳动价值取向和劳动技能水平。职业学校劳动教育的重要意义在于：劳动树德、劳动育美、劳动体能。

1. 劳动树德

劳动教育，是我们实现立德树人最根本任务的客观需要。劳动教育倡导以辛勤劳动为荣，以好逸恶劳为耻。可促进学生逐步树立德智体美劳全面发展的价值观念，使学生成长为有理想信念、有过硬本领、有责任担当的社会主义建设者和接班人。青年学生是祖国的未来，劳动教育使其崇尚劳动价值、追求劳动创造、尊重劳动主体，为进一步营造劳动光荣的社会风尚和精益求精的敬业风气奠定基础。

（1）增强学生的坚强意志

劳动是辛苦且要坚持的过程，我们所拥有的一切，都是人们通过劳动所获得的劳动成果。劳动教育，就要为学生创造劳动的机会，让学生切身体会到劳动的艰辛，磨炼他们吃苦耐劳的品质。

（2）培养学生的奋斗精神

作为高校的学生，在成长过程中要多多参与劳动，并且以此为荣，树立劳动最光荣、劳动最崇高、劳动最伟大、劳动最美丽的信念；在劳动体验中，感悟自身的变化与成长，理解辛勤劳动对于丰富和发展自我的重要性；激发在未来的学习和生活中，努力奋进、自主追求与实现梦想的勇气。

2. 劳动育美

劳动教育有利于加强学校的美育，逐步形成以劳育美、以美育人、以文化育人的模式，让学生在劳动创造中发现美、体验美、鉴赏美、创造美，促进学生树立"劳动最光荣、劳动最崇高、劳动最伟大、劳动最美丽"的劳动审美观念,从而提高学生的审美能力和人文素养。

3. 劳动体能

劳动是创造的基础。学生在劳动过程中既要动手,又要动脑,是一种创造性活动。如自己设计制作板凳、书架等,在这种创造性的活动中,学生要克服种种困难来完成作品,从而培养学生的创造意识和精神。劳动教育不仅能培养学生的生活技能,还能促进体智发展,培养学生的创新精神和实践技能,养成尊重劳动和劳动者的良好思想品德。

二、劳动教育的目标

1. 劳动教育的总体目标

让学生有创造幸福生活的能力。劳动教育是对学生进行人生教育的根本。只有劳动,人类才能生存、繁衍和发展;只有劳动,社会才能进步、繁荣和昌盛。开展劳动教育,就是要让学生懂得幸福的生活是建基于辛勤劳动之上的。

当教育回归到实际的劳动实践,比如:杜威和陶行知所主张的烹饪、缝纫、家用电器维修、农作物种植与培管、小制作、小发明等,这些与他们的实际生活密切相关,而又力所能及的实际操作,他们的生命力被唤醒,他们的创造力被激活,学生的成长也就与生活紧密地联系起来。劳动教育,不但要致力于观念培育,而且重在教学生如何从劳动中体验生活的乐趣。培育一种现代"新生活"方式,推向社会,在于让孩子们获得持续创造好生活的能力。

2. 职业学校劳动教育目标

培养与社会主义现代化建设要求相适应,德、智、体、美等全面发展,具有综合职业能力,在生产、服务、技术和管理第一线工作的高素质人才、专门人才。高校教育以培养各行各业的高素质人才为主旨,注重培养学生的从业技能,同时要加强学生的创业意识与就业能力的培养,使学生具有较强的适应职业不断变更转移和自谋职业的能力。

首先,劳动教育在今天成为最受忽视的教育。劳动,是通过身体力行的方式获取知识,是人类文明起源发展的最主要手段,但现在的劳动教育是最受忽视的教育。

其次,我们在对学生的劳动教育中,对"劳动"概念的理解过于狭窄。劳动不能简单地理解为洗衣、做饭、打扫卫生等。将劳动体现为教育,就应该懂得劳动是知识的躬身修行,是创造真实价值的手段。

劳动是务实、做事、操作、实践。劳动教育的意义,是让学生用身体丈量物理和心灵的世界。

三、劳动习惯的养成

1. 从家务做起，养成劳动习惯

首先，要认清做家务劳动的必要性，端正劳动态度。从小学会照顾自己，养成力所能及的劳动习惯。

其次，要有意识地进行家务劳动，培养劳动习惯。家务劳动是"生活的小百科全书"，对于体质增强、智力增长、品德健全都有积极的意义。

最后，在家务劳动过程中，有意识地培养道德品质。培养自己成为一个有道德、有理想、有文化、有纪律的劳动者，从家务劳动中培养自己爱劳动的品质。在劳动时，不仅动体力，还要多动脑，培养自己的巧干创新精神。

2. 从社会实践做起，养成劳动习惯

良好的劳动习惯既影响劳动速度，也影响劳动质量。21世纪是竞争更趋激烈的时代，只有具有较高的劳动素质，一定的自理能力、动手能力和创新能力，才能立足于社会，创造美丽的人生。

首先，主动形成劳动意识，通过多种途径体会劳动的重要性和必要性。

古时有个小和尚用冬瓜学剃头，那个小和尚每次练完，总是将刀往冬瓜上一插，最后习惯成自然，把客人的头当作冬瓜而犯下杀人罪。可见，没有良好的劳动习惯，害人害己。

其次，学会正确使用劳动工具。如了解生活中常用工具的功能及使用方法等，在保证安全的情况下，进行实践操作。

最后，掌握保管劳动材料、工具的常识。知道工具的正确存放、保管方法，学会分类存放，做到分类有序，从而逐渐养成操作规范、认真细致的劳动习惯。

3. 养成合理安排劳动程序的良好习惯

合理安排劳动程序是提高劳动效率的有效手段。在劳动中要学会统筹安排，巧妙掌握技巧。我们在劳动之前要考虑：怎样安排时间最合理？怎样的流程操作避免窝工？这次劳动中哪个环节难度最大？长期坚持这样的训练，就能养成从"小"处着手、节省时间的良好习惯，争取劳动前做到的心中有数，杂而不乱。

4. 养成团结协作、勇于创新的劳动习惯

劳动离不开协作，遇到困难要善于发挥集体的智慧，这样才能获得更高的劳动价值，所以我们要养成尊重和虚心听取别人的意见，与别人团结协作的良好习惯。

同时，在劳动中，我们还要养成勇于创新、热爱创造的劳动习惯。如果我们只做一种简单的体力劳动，机械地模仿、重复，天长日久，就会使自己懒于思考、疏于创造，这样的我们，将来也只能是傀儡式的平庸劳动者，我们要想在现代竞争激烈的世界舞台上站稳脚跟。就要学会在劳动中去思考、发明、创造，成为一个高素质的、有智慧的劳动者。

第三节　高校劳动教育的意义及指导思想

作为新时代的大学生，未来我们如何参与到新时代社会主义现代化的建设之中？怎样才能成为一名合格的社会主义建设者和接班人？答案就孕育在劳动和劳动教育之中。

在大学期间，通过劳动教育课程的学习，我们的内心将建立起对劳动意义的科学认知，从而在未来使我们不会迷失前进的方向；通过劳动精神的培育，将使我们在未来的劳动中精益求精，不断向更高的方向迈进；通过各种劳动实践活动的参与，将使我们对未来的生产生活更加自信和从容。通过劳动教育课程的学习，不断地认知自我、提升自我、革新自我、锻造自我，更加坚定从容地建设我们的新时代，把我们的新时代推向更加美好的未来。大学生作为即将参与到社会建设之中的劳动者，劳动精神面貌、劳动价值取向和劳动技能水平对未来中国的发展将起到极其重要的作用。

一、对新时代大学生加强劳动教育的重大意义

长期以来，各地区和学校坚持教育与生产劳动相结合，在实践育人方面取得了一定成效。同时也要看到，近年来一些学生中出现了不珍惜劳动成果、不想劳动、不会劳动的现象。在大学生中，有人认为基层工作不体面，宁可"啃老"也不愿到一线岗位，以"佛系"之名掩盖"颓丧"之实；一些女生认同"干得好不如嫁得好"；很多学生存在劳动功利化心理，表现为平时无功不劳动，就业时眼高手低，还没掌握多少技能、没为单位奉献多少价值，就强求不切实际的高薪待遇，动辄跳槽等等。针对以上种种不良现象和倾向，2020年3月20日，中共中央国务院发布的《关于全面加强新时代大中小学劳动教育意见》（以下简称《意见》）中，强调劳动教育是中国特色社会主义教育制度的重要内容，直接决定社会主义建设者和接班人的劳动精神面貌、劳动价值取向和劳动技能水平。

（一）提升新时代大学生的劳动精神面貌

中国特色社会主义进入新时代，我们要实现中华民族伟大复兴的中国梦，要建设富强民主文明和谐美丽的社会主义现代化强国，作为新时代的大学生肩负着重大的历史使命。要成功完成这一历史使命，今天大学生的劳动精神面貌将发挥极其重要的作用。当前，中国正在从制造业大国向制造业强国迈进，要成功实现这一转变，我们急需培育大批在工作中具有工匠精神的劳动者，劳动教育近年来被淡化和弱化的状况必须发生改变。因此，《意见》中特别强调对大学生要加强劳动精神、劳模精神和工匠精神的教育和指导，进一步提升新时代大学生的劳动精神面貌。

（二）为新时代大学生的劳动价值取向指明方向

劳动是我们每个个体的立身之本。马克思主义认为，劳动创造了人本身，劳动是促进人的自由发展和全面发展的重要手段。对于新时代大学生来说，劳动教育则是大学生成长的必要途径，具有树德、增智、强体、育美的综合育人价值。2018年9月10日教师节，习近平总书记在全国教育大会上的讲话中指出："要在学生中弘扬劳动精神，教育引导学生崇尚劳动、尊重劳动，懂得劳动最光荣、劳动最崇高、劳动最伟大、劳动最美丽的道理，长大后能够辛勤劳动、诚实劳动、创造性劳动。"[①] 作为新时代的大学生要把尊重劳动、热爱劳动、崇尚劳动、创造性劳动的价值观念扎根内心，指引未来的生产生活。

（三）提高新时代大学生的劳动技能水平

在大学生中实施劳动教育的重点是在系统地学习文化知识的同时，有目的、有计划地组织学生参加日常生活劳动、生产劳动和服务性劳动，进一步提高新时代大学生的劳动技能水平。这里值得一提的是，据《南方日报》2019年8月29日报道：在2019年第45届世界技能大赛中，中国代表团参加全部56个项目的角逐，再次位列奖牌榜，团体总分第一，斩获16枚金牌，其中广东选手获得了半数金牌，成绩令人瞩目。来自普宁的22岁选手田镇基，与陈子烽一起顶住了卫冕压力，以过人实力强势夺金，我国也实现了数控铣项目"三连冠"。2021年第46届世界技能大赛将在上海举办，我们期待在全球顶尖技能青年人才一较高下的大赛中，再次展现作为全国"排头兵"广东的青年选手劳动技能水平的英姿和雄风。

二、加强对大学生的劳动教育的指导思想

（一）以习近平新时代中国特色社会主义思想为指导

在2018年9月10日的全国教育大会上，习近平总书记强调，坚持中国特色社会主义教育发展道路，培养德智体美劳全面发展的社会主义建设者和接班人。[②] 把"劳动教育"与其他"四育"并列并统一在全面发展教育思想之中，这极大地提升了劳动教育在培养担当民族复兴大任的时代新人中的重要地位和重要作用。

（二）坚持培育和践行社会主义核心价值观

在对大学生进行劳动教育的过程中，要坚持立德树人，坚持培育和践行社会主义核心价值观。把社会主义核心价值观在个人层面的基本道德规范，融入劳动教育的全过程，贯穿家庭、学校、社会各方面，与德育、智育、体育、美育相融合，从而使大

---

① 习近平. 习近平在全国教育大会上的讲话 [N]. 人民日报，2018-09-11（01）
② 习近平. 习近平在全国教育大会上的讲话 [N]. 人民日报，2018-09-11（01）

学生的劳动教育水平提高到一个更新的层次。在具体进行劳动教育和实践过程中，要注重培育大学生的劳动精神面貌，特别是要注意发挥公益劳动和志愿服务对大学生无私奉献精神的培育。通过劳动教育理论的学习和研究，使劳动模范和大国工匠成为新时代大学生面向未来参与社会建设的精神榜样。

（三）积极探索具有中国特色的劳动教育模式

以劳动精神、劳模精神、工匠精神为抓手，切实推进新时代大学生劳动教育，是探索具有中国特色劳动教育模式的重要举措。中华人民共和国成立后，各条战线上涌现出了一大批劳动模范，劳动模范在工作中精益求精的劳动精神为今天的大学生树立了学习的榜样；改革开放以来一大批具有改革创新精神的时代先锋，成为今天的大学生在工作中不断开拓创新的楷模；在抗击新冠肺炎疫情战线上，涌现出的一大批无私奉献的抗疫英雄，成为今天的大学生服务社会报效祖国的典范；以这些精益求精、改革创新、无私奉献的劳动楷模为榜样，唱响中国特色大学生劳动教育的主旋律。

三、坚持大学生劳动教育的基本原则

充分发挥劳动以劳树德、以劳增智、以劳强体、以劳育美、以劳创新的综合育人功能，促进学生德智体美劳全面发展，成为中国特色社会主义现代化建设的出色劳动者。加强对大学生劳动教育，应坚持以下原则：

（一）把握育人导向

劳动教育必须要回答"培养什么人""为谁培养人""怎样培养人"等根本问题。在我国，劳动教育必须致力于培养德智体美劳全面发展的，有理想、有本领、有担当的社会主义建设者和接班人。通过劳动教育，使学生能够理解和形成马克思主义劳动观，牢固树立劳动最光荣、劳动最崇高、劳动最伟大、劳动最美丽的观念；体会劳动创造美好生活，体认劳动不分贵贱，热爱劳动，尊重普通劳动者，培养勤俭、奋斗、创新、奉献的劳动精神；具备满足生存发展需要的基本劳动能力，形成良好的劳动习惯。

（二）遵循教育规律

大学生劳动教育须根据大学生的年龄特征、性别差异、身体状况、专业背景、兴趣爱好等不同特点，针对不同学生在劳动教育方面存在的问题，制定宽领域、分层次的劳动教育内容体系，科学设计课内外劳动项目，采取灵活多样的教育方式，从理论学习到劳动实践，从简单劳动到复杂劳动，选择合适的劳动项目和内容，安排适度的劳动时间和强度，做好劳动保护，激发学生劳动的内在需求和动力，切实提高劳动教育的针对性和实效性。

劳动教育尤其要避免将劳动异化为惩罚学生的手段。类似教师将不遵守规矩的学生罚做清扫卫生等做法，将加剧学生对劳动活动和劳动教育的抵触和反感，使劳动成为学生逃避甚至厌恶的事情，使青年学生"爱劳动"沦为空谈。

（三）体现时代特征

在"互联网+"、大数据、云计算、人工智能等高科技快速发展和广泛应用的今天，数据、代码、数码、信息、人工智能等催生的数字劳动、非物质劳动等新劳动形态不断涌现，高校开展劳动教育要结合产业新业态、劳动新形态，与时俱进地更新劳动教育的内容和载体，使大学生能够及时主动适应"互联网+"时代劳动形态的变革。

此外，新时代是我国全面建成小康社会的时代，是中国共产党领导全国各族人民实现"两个一百年"奋斗目标实现中华民族伟大复兴的时代，是国际政治经济格局发生深刻变革的百年未有之大变局的时代。新时代劳动教育要引导学生学以致用，到祖国最需要的地方建功立业。

（四）强化综合实施

劳动教育是一项系统性工程，需要在政府的统筹下，整合家庭、学校和社会各方面力量，打造劳动教育共同体。家庭要发挥在劳动教育中的基础作用，树立崇尚劳动的良好家风，养成从小爱劳动的好习惯。学校要发挥在劳动教育中的主导作用，切实承担劳动教育主体责任，着重引导学生形成马克思主义劳动观，系统学习掌握必要的劳动技能，组织学生走向社会、奉献社会。社会要发挥在劳动教育中的支持作用，充分利用社会各方面的资源，为劳动教育提供必要保障。各级政府部门要积极协调、引导、鼓励家庭、学校和社会贯彻落实好大学生劳动教育。

（五）坚持因地制宜

学校应坚持因地制宜、因时制宜的原则，根据当地生产劳动和人们的生活实际以及学校的实际情况，充分挖掘所在地的劳动实践平台和资源，设计具体而详细的教学目的和教学方案，配置必要的劳动教育设施、场地、器材和工具等，开发设计形式多样、内容丰富、具有地方特色又切实可行的劳动教育教学课程和基地。如：与所在地及其周边企业、工厂、商店、产业园等用人单位合作设立实践基地，为学生提供多样化的劳动场地；与所在地及其周边社区、养老院、孤儿院、公园等组织开展社会服务、志愿服务活动。劳动实践应当突出体现地方特色，展现学校所在地特色的劳动风采。

四、开展大学生劳动教育的主要内容

根据教育目标，职业院校以劳动精神、劳模精神、工匠精神为专题开展理论教学，以实习实训课为主要载体开展劳动实践。这里，我们倡导一种"知行合一、知行并进"的教育理念：

（一）"知"：培育大学生劳动素养

通过劳动教育理论教学，理解和形成马克思主义劳动观，理解劳动在创造物质世界和人类历史中所发挥的重要作用，从而尊重劳动、尊重劳动者；理解劳动是一切社会财富的源泉，"按劳分配"是一种正义的社会分配原则，摒弃了不劳而获的思想。通过分析和了解整体劳动流程和劳动制度的设计，理解具体劳动环节和产品对社会发展的意义和影响，消除长期存在的污名化、妖魔化体力劳动的偏见，防止长期存在的对劳动教育泛化、虚化、窄化、矮化、简单化等消极思想意识的干扰和不良影响，体悟劳动不分贵贱，不同类型劳动只是社会分工不同，树立劳动平等观。

新时代劳动教育要大力弘扬三种精神：劳动精神、劳模精神、工匠精神。这是广大劳动群众在社会生产劳动实践中锤炼形成的、弥足珍贵的精神财富。通过学习这三种精神，树立辛勤劳动、诚实劳动、创造性劳动理念，培育爱岗敬业的劳动态度和精益求精的工匠精神，争当新时代的合格劳动者、新时代新劳模乃至大国工匠。

（二）"行"：开展大学生劳动教育实践

"纸上得来终觉浅，绝知此事要躬行。"[①] 劳动是一种实践性极强的知识，不身体力行难以领悟其中奥秘。大学生劳动教育更要落实到劳动实践当中。

作为即将独立生活的个体，大学生应当具备较强的生活自理能力，体验持家之道，为将来成家育儿奠定基础。作为即将进入社会谋生的个体，大学生还需开展生产劳动、服务性劳动教育。一方面，大学生应积极参与学校组织的实习实训、创新创业实践活动，努力学习新知识、新技术、新工艺、新方法应用，学会创造性地解决实际问题，增强诚实劳动意识，积累职业经验，提升就业创业能力，树立正确的择业观，具有到艰苦地区和行业工作的奋斗精神。另一方面，大学生还应积极参与各级政府部门、共青团、妇联、残联、红十字会、福利院等组织的扶贫济困、扶弱救弱、帮幼助老、慈善捐助、环境保护、文明劝导、社区服务、应急救援、大型活动等各式各样的志愿活动，培育团队精神、协助精神、奉献精神，塑造良好的人格和品性，在公益劳动和志愿服务中强化社会责任，具有面对诸如重大疫病、灾害等危机时主动作为的奉献精神。

"知是行之始，行是知之成。"知中有行，行中有知，这种内在认知和外在行动的有机统一，认识论和实践论的辩证统一，将会使新时代的劳动教育上一个新的台阶，为当代大学生以辛勤劳动和创造性劳动实现民族复兴的"中国梦"打下坚实的基础。

---

① （宋）陆游《冬夜读书示子聿》，尖《剑南诗稿》，上海：上海古籍出版社，2005.

第二章　新时代高校劳动教育的内容体系

劳动是中华民族的传统美德。劳动教育实施是高校劳动教育的重要组成部分，高校如何实现立德树人的培养目标，合理建构高校劳动教育的内容体系，成为新时代高校劳动教育实施的主要内容，将直接决定大学生的劳动精神面貌、劳动价值取向和劳动技能水平。新中国成立以来，我国对劳动教育积累了宝贵的经验，同时也出现过执行偏颇的教训。进入新时代以来，全面加强高校大学生的劳动教育，既不是新中国成立初期对劳动教育简单的回归，也不是放弃课程去从事传统的劳动教育活动，而是从新时代劳动知识学习、技能培养和价值养成三维目标的角度，建构包括劳动观念、劳动知识、劳动实践、劳动技能以及创造性劳动等维度构成的内容体系，全面提升高校大学生劳动素养。

第一节　劳动观念

劳动观念的养成是新时代高校劳动教育内容体系的第一个维度，也是所有劳动教育内容中最核心的要求。我国教育发展进入了新的历史时期，作为新时代的大学生，要树立和形成正确的劳动观念，对培养社会主义建设者和接班人具有重要意义。2013年4月，习近平总书记在同全国劳动模范代表座谈时的讲话中强调："劳动是推动人类社会进步的根本力量。"[①]2020年3月，中共中央、国务院发布的《关于全面加强新时代大中小学劳动教育的意见》指出："通过劳动教育，使学生能够理解和形成马克思主义劳动观，牢固树立劳动最光荣、劳动最崇高、劳动最伟大、劳动最美丽的观念。"劳动作为每位公民所拥有的光荣义务与权利，要克服错误的思想倾向，明确"劳动是人类的本质活动"，并自觉地接受劳动锻炼与劳动教育，在劳动实践中不断追求幸福感，并始终坚信劳动会养成一个人良好的道德素质。因此，劳动观念养成是新时代高校劳动教育的核心内容，要将树立正确的劳动意识，养成良好的劳动习惯，形成尊重劳动、崇尚劳动与热爱劳动的劳动态度，以及培育大学生"四最"导向的劳动价值观作为劳动教育内容体系中的首要内容，以实现全面提升学生的劳动素养。

一、正确的劳动意识与良好的劳动品德

树立大学生正确的劳动意识、养成良好的劳动品德是全面提升新时代大学生劳动

---

① 习近平. 习近平谈治国理政[M]. 北京：线装书局，2022.

素养的内在要求,是新时代高校劳动教育实施的首要内容。劳动意识与劳动品德两者之间呈现相辅相成、相互促进的样态关系,唯有具备良好的劳动意识,才能养成良好的劳动品德。培养大学生的劳动意识是对劳动的思想认识,并直接决定着劳动者的情感态度、价值判断以及行为选择,使其在该意识的支配下形成热爱创造、热爱劳动等心理活动。劳动习惯则是个体在长期劳动实践过程中所养成的尊重劳动、热爱劳动的行为方式。劳动是人类有目的、有意识的活动。马克思指出,"最蹩脚的建筑师"一开始就比"最灵巧的蜜蜂"更高明,因为他不仅使自然物发生形式变化,同时他还在自然物中实现自己的目的,这个目的是他所知道的,是作为规律决定着他的活动的方式和方法的,他必须使他的意志服从这个目的。可见,正是在这种意识的支配下,人的劳动既能获取某种劳动财富与劳动报酬,满足于人的精神与物质需求,也能够使人身心愉悦,促进人的身体健康发展,以此来满足自身的需求,故劳动意识逐渐被强化。现阶段,大学生对自身内心的认识往往存在模糊性,对真实世界的认识也是表象的,而揭开问题的钥匙之一就是劳动。每位大学生只有通过劳动教育才能逐渐建立正确的世界观、人生观以及价值观,这对于塑造大学生的劳动观念、培养大学生的劳动意识与劳动品德具有重要意义。

(一)劳动意识方面

观念是行为的先导,大学生的劳动意识并非与生俱来,良好的劳动意识是通过学习获得的,而非自发生成的。一方面,让大学生明白"劳动是财富的源泉,也是幸福的源泉"[①]的道理,在劳动创造中"把自己的理想同祖国的前途、把自己的人生同民族的命运紧密联系在一起,扎根人民,奉献国家"[②];鄙视"不劳而获""少劳多获"的投机思想,正确认识新时代劳动的复杂性与多样性,由衷认同"劳动没有高低贵贱之分,任何一份职业都很光荣"[③]的道理。另一方面,需要借助一定的教育手段和教育方式,将劳动教育与思想政治教育、家庭教育相融合,大力宣传大国工匠、劳动楷模等先进人物案例与事迹,激发大学生创新劳动、主动劳动、勤劳勇敢、自强不息等劳动情感,在精神层面对大学生产生升华与引领作用,从而使大学生真正明确劳动是实现人类全面而自由发展所必需的实践活动,更是促进社会进步与发展的根本途径。

(二)在劳动品德方面

良好的劳动品德不仅是一个人劳动精神的外在体现,更是成为一个幸福劳动者所需要的,通过劳动和创造播种希望、收获果实,磨炼意志以及提升能力。大学生高尚的心灵是在劳动中培养起来的,要使大学生多参加劳动。因此,高校要通过实施系统

---

① 习近平. 在同全国劳动模范代表座谈时的讲话 [N]. 人民日报,2013-4-29.
② 习近平. 在同全国劳动模范代表座谈时的讲话 [N]. 人民日报,2013-4-29.
③ 习近平. 在同全国劳动模范代表座谈时的讲话 [N]. 人民日报,2013-4-29.

化与科学化的劳动教育，着力矫正学生中存在的眼高手低、轻视劳动、逃避劳动的现象，矫正"凡事皆可代、万物皆可买"的"消费主义"思维，从打扫寝室卫生、清洁实训现场等点滴小事做起，从自我生活劳动做起，有目的、有计划地在系统的文化知识学习之外组织学生参加日常生活劳动、生产劳动和服务性劳动，引导学生在积极参与劳动实践中锤炼意志品质。

二、尊重劳动、崇尚劳动与热爱劳动的劳动态度

培养大学生积极的劳动态度既是大学生认识与实践辛勤劳动、创造性劳动行为的前提与基础，也是新时代高校劳动教育的重要内容。大学生的劳动态度是指大学生从事劳动的动机以及在劳动中的行为价值，即大学生对劳动的认识和以此为指导所采取的行动。在新的历史时期，培养大学生积极的劳动态度就是要消除大学生对劳动的偏见与怠慢的态度，形成劳动最光荣、劳动最伟大的价值观念与尊重劳动人民、珍惜劳动成果的积极态度，进而尊重劳动、崇尚劳动与热爱劳动。

（一）在尊重劳动方面

从历史发展脉络上看，尊重劳动是被不断强化的。从古代的"勤劳并行、轻劳动重民本"到近代"劳工神圣"再到现代"劳动最光荣"的理念倡导，时刻彰显着我国尊重劳动的生成逻辑与实践样态。换句话说，无论是中华优秀传统文化，还是中华民族精神历来都是以尊重劳动为根基的。正是在尊重劳动的价值取向下，才能有力地推动中国特色社会主义进入新时代，才能实现中华民族伟大复兴的"中国梦"。在新时代背景下，大学生劳动幸福感的获得离不开对劳动的尊重，当大学生的诚实劳动得以被尊重时，就会从劳动中感受自我存在的意义与价值。诚如李大钊所言："我觉得人生求乐的方法，最好莫过于尊重劳动，一切乐境，都可由劳动得来；一切苦境，都可由劳动解脱。"[①] 高校学生作为劳动的主体，我们在尊重劳动的基础上，更要尊重劳动者本身。正如习近平总书记所说："在我们社会主义国家，一切劳动，无论体力劳动还是脑力劳动，都值得尊重和鼓励；一切创造，无论是个人创造还是集体创造，也都值得尊重和鼓励。"[②] 具体而言，一是引导大学生诚实劳动。要求大学生在劳动过程中按照高校的规章办事、诚实守法，以职业道德、劳动美德等严格要求自我，帮助大学生摒弃弄虚作假、好逸恶劳、追求眼前利益以及投机取巧的观念。无论时代如何变迁，高校必须让大学生充分认识到唯有依靠自身的诚实劳动才能获取幸福，并走向成功。二是引导大学生敬畏劳动。诚如阿尔贝特·施韦泽所言，只有当人认为一切生命都是神圣的，包括人的生命和一切生物的生命都是神圣的时候，他才是伦理的。因此，当

---

① 李大钊：《现代青年活动的方向》，《李大钊文集》（上），第665页。
② 习近平.在庆祝"五一"国际劳动节暨表彰全国劳动模范和先进工作者大会上的讲话[N].人民日报，2015-4-29.

人将劳动视为自身的本质的时候，敬畏劳动实际上就意味着敬畏生命。故高校在遵循敬畏劳动者生命态度的同时，要大力弘扬艰苦奋斗、勤俭节约等优良传统，消除大学生"尊富弃贫"的思想，时刻教育大学生对他人的劳动成果必须怀有敬畏之心，对劳动者和劳动成果给予充分的爱惜与尊重。

（二）在崇尚劳动方面

崇尚劳动是对劳动的一种认识，即认为劳动分工无贵贱，劳动价值有大小，美好的生活是通过劳动得来的。世界上没有一种真正具有价值的东西，是可以不经过艰苦辛勤的劳动得到的。崇尚劳动体现了一个时代、一个社会的劳动文化和文化水准，蕴含着对劳动的崇高性的高度认同和自我内化。从宏观层面来看，在科学信息技术高度发达的今天，我们必须清醒地认识到，劳动仍然是创造价值的根本来源。无论是生产劳动还是劳动外延的不断深化，均呈现出崇尚劳动的价值源泉。一个国家或一个民族无论站在何种历史方位，崇尚劳动始终是永恒的主题，也是推动国家发展、社会进步与家庭幸福的关键所在。进一步说，崇尚劳动应该成为每个公民坚定的信仰，唯有通过劳动，国家才能兴旺，人民才能创造幸福而美好的生活。反之，如果不鼓励青年人从基层做起，而是任由他们一味地追求工作的"光鲜亮丽"，忽视成功背后的汗水，就难以美梦成真。从微观层面来看，崇尚劳动就是要求大学生必须摒弃对体力劳动固有的偏见。新时代，高校需以马克思主义劳动理论、中国传统劳动观以及中国特色社会主义实践等视角对崇尚劳动的本质、价值以及意义等进行解读，防止大学生片面化与单一化地将劳动仅理解为生产中的体力劳动。高校要引导大学生在实践中挖掘劳动的乐趣，从观念上消除劳动高低贵贱与等级化的狭隘思想。此外，高校应该更加注重引导大学生牢固树立历史由人民创造的观念，崇尚任何形式的劳动都应受到平等的尊重，不管是从事体力劳动还是脑力劳动，也不论劳动付出量的大小，唯有崇尚劳动才能播种希望，收获成果。

（三）在热爱劳动方面

《左传》有云："民生在勤，勤则不匮。"热爱劳动是中华民族的优秀传统，绵延至今。然而，在历史上，劳动往往成为卑贱和劳累的代名词。辛苦劳动的奴隶被奴隶主看作"会说话的工具"，农民的劳动成果受到了地主阶级的残酷剥削，资本家无偿占有了由工人创造的剩余价值。"劳心者治人，劳力者治于人"的传统观念在许多人的头脑里根深蒂固。虽然凡勃仑在分析劳动遭遇鄙视的原因时将劳动视为屈居下级的标志，是任何一个有身份、有地位的男子所不屑的，但事实上，劳动是最光荣的，只有劳动才能创造美好生活，爱劳动的人将永远焕发出美丽动人的光彩。这是因为，基于对劳动的热爱，劳动者充分发挥其聪明才干，提高其劳动效率，并在劳动过程中充分体会到劳动所带来的满足感与喜悦感，才能实现自我价值。反之，如果不能将劳动内化于心进行热爱，那么劳动则会异化为外在的枷锁，从而使劳动者无法充分获取劳动过程中受益终身的宝贵财富。新时代高校要培养大学生热爱劳动的价值取向与真挚情感，明白劳动的真正意义与价值。高校要在遵循劳动教育现象、把握劳动教育规律的同时，注重劳动教育内容的时效性与系统性，科学地构建劳动实践体系，着力优化大学生的专业实习实训，并借助多元主体等各方力量，形成协同育人的劳动教育新格局。因此，高校劳动教育的内容体系中，要把热爱劳动的态度培养作为一项重要内容，在劳动教育过程中要让大学生锤炼品质、增长本领，用心去感受劳动所获得的快乐与幸福，使之产生对热爱劳动的真挚情感。

三、"四最"导向的劳动价值观

任何教育活动都具有一定的价值目标，而这种价值目标在很大程度上规范着教育的价值内容，并反映着一定的价值诉求，劳动教育也不例外。新时代教育背景下，高校要积极引导大学生体验劳动、理解劳动的时代意蕴与本质，全面提升劳动素养，逐渐树立"四最"劳动价值观，倡导大学生以辛勤劳动、创新精神等参与到社会建设之中，使之在劳动实践中实现社会价值与个人理想，是新时代全面加强劳动教育的重要任务与课题。

（一）劳动最光荣

劳动价值观的核心内容之一即要让大学生平等地看待各行各业的劳动者，学会懂得"劳动最光荣"。高校要积极引导大学生认识到劳动者在价值创造中的主体地位。我国是人民当家做主的国家，任何人任何时期都不能抹杀劳动者的地位与价值。然而，随着现代文化娱乐与社交网络平台的兴起，部分大学生认为网络经济既赚钱较快，又不用过多体力劳动，于是看不起一线工人、农民工等，这种错误的思想观念亟待多元主体形成强大的育人合力，帮助大学生矫正。唯有劳动光荣的观念浸润心灵才能焕发新时代大学生的劳动精神，并让大学生以更大的热情投入社会劳动，从而实现更高的价值。

（二）劳动最崇高

劳动价值观的核心内容之二即要让大学生弘扬与继承劳动精神，学会懂得"劳动最崇高，崇高的劳动精神源于崇高的劳动者，新时代涌现出诸多的大国工匠以及劳动模范等，他们用自身的行为诠释着何谓劳动精神。作为新时代的高校大学生，更要弘扬与继承劳动精神，无论做任何工作都要脚踏实地、勤奋努力，树立远大的理想，并将个人梦与"中国梦"相融合，敢于担当其时代的重任。具体而言，大学生不仅要专注于自身的专业学习，不断地提升自身的理论与实践能力，认真对待工作与生活，更要有甘于奉献的精神品质。如新时代的大学生多为"00后"，自我意识强烈，部分大学生只认识到要通过劳动促进个人发展，实现个人价值，但是忽视了评价人生价值的基本尺度是通过劳动为社会做出了多少贡献。此外，高校要加强大学生劳动精神培养，让大学生深刻理解劳动是我们生存于世界最为神圣的活动，并以此作为引领大学生的价值取向，从而促进大学生全面发展。

（三）劳动最伟大

劳动价值观的核心内容之三即要让高校大学生在大格局视野下认识劳动的本质，学会懂得"劳动最伟大"。马克思认为，劳动创造对社会的进步与发展起着重要的推动作用。在新时代背景下，懂得劳动最伟大必须要让大学生明确认识两点：一是伟大事业是由劳动创造的。习近平总书记指出："我国所处的时代是催人奋进的伟大时代，我们进行的事业是前无古人的伟大事业，我们正在从事的中国特色社会主义事业是全体人民的共同事业。"[①]深刻理解中华人民共和国成立以来取得的伟大成就是由劳动所创造的，中国特色社会主义的大厦是由一砖一瓦砌成的，人民美好的幸福生活是由一点一滴创造的。如在抗击新冠疫情的斗争中，钟南山、李兰娟等专家，一线医务工作者，疾控工作者，公安民警等不仅承受了难以想象的心理与身体压力，更凸显了其自身的价值，做出了巨大的贡献，是新时代最可爱的人。二是树立大学生正确的人生导向。高校要积极引导大学生形成正确的"梦想"，通过生动的劳动教育使大学生崇尚劳动模范，学习劳模精神，感受劳动者的伟大与崇高等，使劳动最伟大成为新时代的有力强音。

劳动价值观的核心内容之四即要让高校大学生明白劳动过程是人们按照美的规律改造世界的过程，是最能体现审美精神与人的本质力量的活动，以此懂得"劳动最美丽"。中华民族是善于创造的民族，全体人民协力同心建设中国特色社会主义现代化强国，不断开创历史新格局，释放创造潜能，在劳动中建成了今天美丽的国家。通过劳动教育让大学生树立"劳动最美丽"的劳动价值观，见证、感悟普通劳动者的美丽，明白"不劳动可耻、不劳动低劣、不劳动渺小、不劳动丑陋"的道理。

第二节 劳动知识

劳动知识的学习是新时代高校劳动教育内容体系中的第二个维度，也是高校劳动教育实施开展的重要载体。新时代对劳动教育提出了新的要求，加强高校大学生劳动知识学习，既是劳动教育的基础，也是培养大学生树立科学劳动观的主要依托。大学生通过劳动教育要获取的知识既包括与学生专业学习相关的劳动规范和技能知识，也

[①] 习近平.习近平回信中国劳动关系学院劳模本科班学员珍惜荣誉努力学习继续拼搏再创佳绩激励广大劳动群众争做新时代的奋斗者[N].人民日报，2018-4-30（1）.

包括与通用性劳动相关的知识，如劳动伦理、劳动法律法规以及劳动就业保障等方面的知识。通过相关劳动知识的学习，可以使高校大学生对专业知识的实践把握与现实理解不断加深，从而为未来的就业工作奠定了坚实基础。由于高校中学科专业的不同，劳动教育知识的类型也不同，同时获取劳动知识的途径也不同。因此，本书从高校劳动知识的类型和获取途径出发，指导高校开展劳动知识学习的相关工作。

一、劳动知识的类型

与中小学阶段不同，高等教育阶段的专业性更强，大学生毕业后距离劳动力市场更近。因此，新时代高校劳动教育要进一步增强学生的专业应用能力和劳动创造能力，更加突出专业性劳动知识与通用性劳动知识的融合提升。

（一）引导学生结合专业学好专业性劳动知识

一个人是否学专业知识，在从事某项具体工作时的技能水平和实际效果是有明显差异的，而是否能够通过反复实践操练，将所学知识转化为改造事物的专业技能，对专业知识学习效果同样有着重要的影响。当前，高校主要通过劳动规范、劳动技能等形式来组织大学生获取专业性劳动知识。具体而言，专业性劳动知识的教育主要是结合学生专业知识的学习和技能的训练而开展的劳动教育。劳动伴随人的一生是因为人的日常生活离不开劳动，人的专业工作离不开劳动。因此，在劳动知识技能培养中主要涉及日常劳动知识技能培养和专业劳动知识技能培养两个方面。通过科学系统规范的日常生活劳动知识技能培训，一方面可以提高学生自己的生活质量，使其感受到科学劳动的魅力；另一方面，也能为学生专业劳动素养的提升发挥良好的基础铺垫作用。开展清晰的日常生活劳动知识教育并布置日常生活劳动实践作业，是提高学生日常劳动知识技能的必要手段。专业劳动知识技能培养需要更加注重学生的实际动手能力。扎实做好实习实训工作，加强协同育人体系构建对于提高学生的专业劳动技能十分必要。

（二）引导学生掌握通用性劳动知识

通用性劳动知识就是在教育实践中通用性、迁移力较强，在专业社群中认同度较高的教育知识，是在教育知识体系中占据中心位置的教育观念理论、实践知识等的统称。当前，高校主要通过劳动伦理、劳动法律等形式来开展大学生通用性劳动知识。具体而言，一是劳动伦理。劳动伦理是大学生在劳动过程中表现出来的对劳动关系的稳定的心理特征和倾向，是责任意识和道德情操的反映，包括劳动责任意识、劳动主体意识、劳动风险防范意识、环保意识、劳动诚信意识等。劳动伦理教育不仅是提升大学生劳动价值认知的重要手段，也是对学生知、情、意训练的手段。高等教育不仅以劳动技能的学习为核心，更要以构建劳动认识、激发劳动情感、培育劳动品质为目标，体现了劳动教育的伦理要求。二是劳动法律法规。劳动法律法规教育是对高校大学生进行的与劳动相关的法律法规的教育，其中包括劳动法律法规的学习、保护自身劳动权益意识的培养等。高校大学生作为即将走向社会的劳动者，要通过对劳动法律法规的学习，不断提升自身劳动法律法规意识，懂得如何保护自身劳动权益。在遇到劳动责任事故、劳动纠纷案件、劳动违法事件时，高校大学生应通过劳动法律法规保护自己的合法劳动权益，更好地实现就业择业。2023年《中华人民共和国劳动合同法》以下简称《劳动合同法》）的颁布和实施，标志着我国已经基本建立了完善的社会主义劳动法律制度。对高校大学生进行劳动法律教育要以《劳动合同法》《中华人民共和国劳动法》《中华人民共和国劳动争议调解仲裁法》等为主要学习内容，向学生介绍劳动合同对用人单位是如何规定的，以及用人单位规章制度的约束力要求，使大学生明确哪些情形适用于劳动合同法的规定，哪些情形不适用劳动合同法的规定。此外，还要说明劳动权益受到伤害时应如何保护自己权益的问题，要向学生介绍雇佣合同、劳动合同等之间的区别，介绍关于人生损害赔偿请求的注意事项和个人权益保护问题。在高校大学生劳动教育过程中，要高度重视劳动规范教育，这有利于高校大学生充分了解我国劳动法的基本精神和主要内容，做到依法劳动，并保护自己的合法劳动行为和劳动成果。

二、劳动知识的获取途径

高校要引导学生通过多种途径引导学生获取上文中提到的专业性劳动知识和通用性劳动知识。具体而言，大学生可以通过以下途径获取劳动知识。

（一）专题讲座

以劳动教育专题讲座作为新时代高校大学生劳动教育思想交流与互动的重要载体，既能够为高校劳动教育提供持续性的动力，也有助于培养大学生形成尊重劳动、崇尚劳动、热爱劳动的积极态度。高校劳动教育专题讲座具有广泛性、丰富性与多元性等特征。在宏观层面，通过专题讲座可贯彻落实国家教育方针，围绕培养社会主义建设者和接班人的核心任务，落实劳动教育这一发展理念，使高校大学生成为担当社会主义建设的时代新人；在微观层面，通过专题讲座来培养大学生的实干精神，树立科学的劳动品格，加强对高校大学生的劳动教育，使大学生能够在潜移默化的过程中受到引导与教育，这是树立大学生正确劳动教育观念、培育劳动教育情怀以及鼓励大学生主动参与劳动实践的重要抓手。

（二）经典阅读

高校要引导学生回归劳动教育经典阅读，使学生了解马克思主义劳动观的基本内容，从马克思恩格斯的经典著作中找到劳动教育的理论根据，厘清党在各个时期关于劳动教育的思想。具体而言，一是通过"马克思主义基本原理概论"课的教学过程注重将经典理论和原理解读结合起来,让学生对原理既知其然,又知其所以然,让学生领略马克思主义经典书目的理论深度和思维魅力,树立具有理论思维的系统劳动观念。二是阅读马克思关于劳动教育思想意蕴的经典书目来理解"劳动是价值的唯一源泉"、重视劳动者的主体地位和劳动的力量、劳动观植根于劳动群众以及生产劳动与教育相结合的相关内容等。马克思主义经典著作的思想意蕴为高校劳动教育提供了重要的理论依据,为进一步焕发高校大学生劳动热情、释放劳动创造潜能奠定理论基础。三是深入理解党在不同时期的教育方针,尤其注重把握劳动在新时代的内涵和使命。在新时代背景下,要加强习近平新时代中国特色社会主义思想的学习,明确劳动人民是国家的主人,为劳动人民谋幸福,依靠劳动人民实现中华民族的伟大复兴,是中国共产党既坚持人民立场,又牢记初心使命的重要内核。此外,认真学习与深刻体会习近平总书记关于劳动精神、劳模精神等的相关论述,培育大学生的劳动教育价值取向,引导大学生认同劳动最光荣、劳动最伟大的价值观。

（三）课程研习

课程是高校进行劳动教育的主要形式,通过设置劳动教育课程,可以让学生系统学习劳动理论知识、实践技能,培养学生的劳动观念、劳动精神与劳动意识等。《关于全面加强新时代大中小学劳动教育的意见》强调,把劳动教育纳入人才培养全过程,设置劳动教育课程,努力构建德智体美劳全面培养的教育体系。《关于全面加强新时代大中小学劳动教育的意见》对高校劳动教育课程做出了制度性安排与原则性规定,为新时代高校劳动教育课程设置提供了重要的政策依据。劳动教育课程是学生获取劳动知识的主渠道。当前,大部分高校依据国家政策相关文件,积极创造条件,开设劳动教育课程,丰富和完善课程体系,创新劳动教育内容和形式。具体而言,学校在劳动教育课程建设中要注重以下几点。一是重视课程内容质量,将劳动教育内容渗透于学科教学中。高校教师作为课程的主要实施者,不仅应做到充分了解与把握课程内容,还要做到以一种"润物细无声"的方式将劳动教育内容融入不同学科专业教学内容之中。如通过循序善诱的教育方法不断地将劳动创造历史、劳动创造世界、劳动创造人本身等劳动观念渗透入"思想道德修养与法律基础""马克思主义基本原理概论""中国近现代史纲要"等思想政治理论课教学中,让学生树立正确的劳动观。二是劳动教育课程内容要体现时代性。随着我国教育高质量的发展,新时代高校劳动教育课程内容应与时俱进,紧密结合中国国情,以此改进课程内容。信息技术、通用技术与劳动教育相结合,紧扣高阶能力的时代性。在"创新"成为时代要求的背景下,劳动教育课程内容应融入数字化、信息化元素,培养学生的高阶思维能力和社会情感能力。设置"虚拟劳动教育实验室",丰富劳动教育的内容与环境,以虚拟性与高交互性的方式让学生体验各行各业的独特魅力。把数字世界与现实职业相结合的"虚拟劳动教育实验室",能够拉近学生与不同职业、无条件体验的职业以及高科技职业之间的距离,增强学生对自己感兴趣职业的了解与感受。三是加强高校劳动教育课程实施的外部保障。劳动教育课程内容应与社会经济新时代的发展相适应，在建立政府支持、校企合作以及校校共享等合作机制的基础上，促进高校劳动教育与创新创业教育深度融合，让大学生在创造性劳动中充分掌握劳动技能与劳动知识。

（四）主题活动

新时代高校要充分利用主题活动这一有力抓手，开展劳动教育活动，旨在引导新时代大学生养成劳动习惯、树立劳动观念、培养劳动精神，使之在劳动实践中锻炼自身的意志品格，并将国家发展与个人奋斗同频共振，为实现中华民族的伟大复兴与教育高质量发展贡献自己的力量。现阶段，开展高校大学生劳动教育主题活动的形式呈现多样化特征，主要体现在如下几个方面。一是以校训、校史等大学精神所蕴含的劳动文化元素为主题开展劳动教育主题活动，帮助大学生树立正确的劳动观念与劳动意识。校训是一所学校办学宗旨、教育理念和人文精神的高度凝练，是学校长期形成的校风、学风和教风的集中体现。要着重挖掘校训中爱岗敬业、勇于创新等内容，让学校开展劳动教育具有航标和灵魂。在校史方面，每所高校都有其鲜明的办学特色与办学历程。挖掘高校校史中有关奋斗拼搏、吃苦耐劳、迎难而上的典型人物和感人故事，并通过系列丛书、图片、视频等方式呈现在学生面前，让他们深刻理解劳动成就梦想、劳动开创未来的道理。二是结合节假日、纪念日等开展劳动教育主题活动，打造一系列师生喜闻乐见的大学校园文化活动，让参与其中的师生感受到劳动的乐趣与魅力。目前，各高校纷纷结合我国重要节日开展与劳动教育相关的主题活动。如重庆工商大学举办以"劳动最美·爱国力行"为主题的演讲比赛，主题内容涉及自己参与返乡社会实践、抗疫志愿服务中对劳动的认识，对劳动者的敬意；从火神山、雷神山医院修建中彰显的中国速度，谈到劳动工人的伟大、白衣天使保卫人民的无私精神；从古人对劳动的崇尚，谈到当代大学生应提升劳动意识……他们用真挚的情感、感人至深的故事、饱含深情的演讲，讲述了新时代大学生对劳动最真挚的理解和最崇高的敬意。此外，各高校纷纷设立"校园文化劳动月"，积极开展不同主题的劳动教育活动。例如，借助植树节、学雷锋纪念日、五一劳动节等开展形式多样的劳动主题活动，宣传新时代劳动价值观，使大学生在参与各个劳动主题活动的同时，能够积极主动地延续我国优良的劳动传统，形成积极的劳动精神。

第三节　劳动实践

2020年7月7日教育部印发《大中小学劳动教育指导纲要（试行）》指出，劳动教育的内容包括日常生活劳动、生产劳动和服务性劳动中的知识、技能与价值观。高校劳动教育具有极强的实践性，其教育内容应根据国家的相关要求，结合大学生的发展规律、认识程度以及身心发展情况等，充分发挥学校特色，利用社会资源，开展包括日常生活实践、生产实践和服务性实践性在内的劳动实践活动，形成多样化、协同化、系统化的劳动实践体系，让学生在劳动实践中体悟劳动的价值与意义，以切实解决高校劳动教育中"有教育无劳动"的问题。

一、日常生活劳动实践

日常生活劳动作为创造人类社会劳动中最普遍的劳动类型，既是保障每个人存在的首要基础与前提条件，也是立足于劳动自立与自省意识的培养，并在不同生活模式下所形成的一种理想劳动状态。在日常生活劳动中大学生应做到自觉劳动、珍惜劳动成果，时刻提升自我的生活能力，养成良好的劳动习惯，并能够有效地运用到生活实践之中。然而，高校大学生正处于世界观、价值观和人生观形成的重要时期，生活阅历缺乏，基本生活技能欠缺，尚未完全形成对人生的深刻体验和感悟。劳动作为沟通主观与客观的中介，有助于大学生的道德素养获得全面成长。现在的大学生很多都是"不知稼穑之艰难，乃逸乃谚"，即没有体验过农民"面朝黄土背朝天"的艰辛，生活上就会容易放纵和荒唐。只有亲自参与了日常生活劳动，才能深刻感受到生活的艰难，加深对劳动环节的认识，产生刻骨铭心的劳动印记。

具体而言，要充分发挥家庭和学校的协同作用。一是家庭要发挥在劳动教育中的基础性作用。注重抓住衣食住行等日常生活中的劳动实践机会，鼓励孩子自觉参与、自己动手，随时随地、坚持不懈进行劳动，掌握洗衣做饭等必要的家务劳动技能。学生参加家务劳动和掌握生活技能的情况要按年度记入学生综合素质档案。二是学校要发挥在劳动教育中的主导作用。健全劳动素养评价制度，引导大学生每天清扫寝室，及时分类清倒垃圾，经常保持室内通风；床铺被子叠放整齐，被单平铺整齐，书籍、洗漱用品等摆放整齐，衣帽用品挂放整齐，行李入柜存放整齐；垃圾放入指定的垃圾桶内，保持地面、墙面、门面干净整洁，无积尘、无污渍、无积水、无纸屑、无果壳等；勤洗澡、勤理发、勤换洗衣服，养成良好的个人卫生习惯等。将学生寝室卫生检查、个人生活卫生检查等劳动素养纳入学生综合素质评价体系，制定评价标准，全面客观记录学生日常生活劳动过程和结果，加强日常生活劳动技能和价值体认情况的考核。

二、生产劳动实践

生产劳动作为人类社会劳动的基本类型之一，具有鲜明的社会导向性。人类的生产劳动经历了从简单劳动到原始劳动，再到复杂性劳动和创造性劳动的过程，其发展历程既体现了人类社会发展史，也体现了人类通过劳动创造美好生活的追求。在一定的社会条件下，可根据劳动复杂程度将其分为简单生产劳动和复杂劳动。其中，简单生产劳动是指不用特殊训练，每个劳动者都能掌握的一般性劳动。引导大学生参与一定的简单生产劳动是大学生培养职业观念、增强社会责任感的重要环节，也是大学生积极融入社会的表现。生产劳动的实质是让学生在工农业生产过程中直接经历物质财富的创造性过程，体验从简单劳动、原始劳动向复杂劳动、创造性劳动的发展过程，从而使学生学会使用劳动工具，掌握相关技术，感受劳动创造价值，增强产品质量意识，体会平凡劳动中的伟大。可见，在新时代背景下，引导高校大学生积极参加生产劳动，是关涉劳动教育质量的关键因素。生产劳动已不是一般的生产劳动，更不是一种纯粹的生产劳动，而是具有一种教育性与学习性的劳动，并在高校专业化教师指导下，对专业学科进行理论与实践思考，从而带领学生进入生产劳动场所，开展体验、实验与验证的专业性劳动的生产过程。学生只有亲历实践过程，才能真正体悟真理，发现知识，明确操作技术等，从而提高生产劳动能力。因此，各高校要根据学校办学特色，积极对接行业、企业等社会性生产平台，借力专业化学习，加强生产劳动教育，为大学生生产劳动提供丰富的生产劳动空间。

具体而言，一是实现生产劳动与教育的有机结合。生产劳动与教育的有机结合作为一种教育思想，不仅造就了时代特质之人，更是新时代教育改革的必然趋势。高校培养大学生将所学的专业化理论知识与技能和未来的就业与发展相对接，从理论与实践结合的高度加强专业范围内的技能培训，使学生既有扎实的专业理论知识，又有相应的动手应用能力。例如，高校要创造条件，把有研究基础和兴趣的学生吸引到教师的课题研究中，让学生在参与具体的科研工作中增长知识，培养其不懈的奋斗精神；同时，充分利用社会实践活动、社团活动和志愿者服务等学生喜闻乐见的方式，让学生了解社会、增长才干，储备未来工作生活的基本技能。更重要的是，通过劳动教育，培养学生自信心、责任心等思想品质和为中华民族伟大复兴而奋斗的意志。二是拓宽大学生参加生产劳动的主要内容。工农业生产活动是最朴素的生产劳动实践，能让大学生体会到劳动的快乐，并与劳动人民建立真挚的感情。然而，随着生产劳动形态的变化，生产劳动过程中的科学技术逐渐凸显。高校大学生生产劳动教育内容的选择，必须符合当下互联网科技与生产的时代发展，体现现代科学技术在生产劳动中的有效运用，注重新兴技术支撑和社会服务的新变化，认识到现代科学技术在劳动中的强大生产力，从而树立创新意识与科学精神。三是高校要针对不同大学生的就业需求，积极给大学生提供就业实习平台，为大学生提供从事不同生产实践的机会，使之在生产劳动中逐步适应社会。如劳动教育与企业顶岗实习相结合，以劳动教育来优化顶岗实习内容，从而提高大学生劳动素养与专业技能。

三、服务性劳动实践

服务性劳动是指劳动者运用自身所储备的知识与技能，结合一定的设备与工具向他人提供的一种帮助与服务。作为劳动实践活动的类型之一，与日常生活劳动所特有的自我倾向性不同的是，服务性劳动具有鲜明的社会导向性、利他性以及非功利性等特点。目前,随着我国现代化进程的不断发展,服务性行业的规模越来越大,公共服务越来越重要,大学生必须在奉献社会、服务他人等方面树立正确的价值观、人生观与世界观,在多样化的服务中担当社会责任。正如习近平总书记所说:"广大青年要自觉奉献青春,为全面建成小康社会多做贡献。"①青年时光非常可贵,要用来干事创业、辛勤耕耘,为将来留下珍贵的回忆。新时代服务性劳动教育要培养劳动者爱岗敬业、甘于奉献的劳模精神,引导个体在帮助他人、服务集体中培养服务意识,通过参与不同类型的服务性岗位和公益性活动丰富服务技能、提升服务本领,在实践中提升社会责任感,培育良好的社会公德,共同推进社会主义和谐社会建设。可见,服务性劳动不仅可以塑造大学生正确的劳动意识,还可以培养当代大学生的社会责任感。以社会责任支撑劳动品德,让大学生在劳动过程中学习,并了解社会、锻炼体魄、增长专业知识与技能等,切实感受到劳动的意义,引发对自身责任与肩负未来使命的思考。

基于上述认识,可以从以下两方面引导与强化高校大学生服务性劳动。一是积极开展志愿者活动。鼓励大学生参加社区、志愿者、爱心扶助等义务劳动,发挥所学的专业优势,如前往孤儿院、敬老院等地进行服务,如 2020 年新冠疫情期间,无数大学生积极主动投身于抗疫志愿劳动之中,辅助社区防疫活动、参与流行病的大数据分析等,凸显了服务性劳动的教育闪光点。再如,广大大学生积极参加"尊老、爱老、敬老、助老"献爱心活动,帮助敬老院、空巢老人等打扫卫生、清洗衣物,替老人购买日常生活用品,陪老人拉家常、谈心等。通过这些服务性劳动让大学生充分体会到劳动的意义与价值,帮助大学生提升劳动素养,树立正确的劳动价值观。二是积极开展公益性活动。如定期安排大学生参加农业生产、工业体验、商业和服务业实习等义务劳动实践,利用劳动教育实践基地、综合实践基地和其他社会资源,与研学旅行、团队日活动和社会实践活动等相结合,培养大学生的活动组织能力和奉献精神。鼓励大学生协助绿化养护人员对校园绿化带内的杂草进行清理,了解绿化和花卉的养护知识,掌握简单的花卉养护、浇水、施肥、修剪等技能;协助会务人员做好校内各种会议、会场的宣传布置工作,了解宣传栏、横幅等的设计、排版、制作、摆放等知识;积极参加社会组织、学校、学院举办的各种公益活动,服从组织领导,做好本职工作等。

第四节 劳动技能

当前,在世界新一轮科技革命与我国产业转型升级的历史交会之际,我国工业制造业进入 4.0 时代,意味着传统的"中国制造"将被"中国智造"所取代,频频涌现出的新技术、新产品、新业态以及新模式使生产劳动中被智能机器人所取代的简单技能岗位逐渐减少。这对于劳动者的技能提出了更高要求,也给培养技术技能型人才的

---

① 习近平. 在知识分子、劳动模范、青年代表座谈会上的讲话[J]. 中国工运, 2016(5): 4-7.

高等教育提出了新的发展目标。可见，劳动技能的培养是高校劳动教育的重要内容，高校劳动教育既要通过系统的学习引导大学生掌握专业的劳动知识，奠定扎实的理论基础，又要加强专业化的劳动技能训练，使学生将理论知识转化为实际操作的技能，从而提升大学生专业素质与实践能力。

一、专业性劳动技能

专业性劳动技能是大学生基于专业理论知识、技术水平以及综合运用能力等所形成的职业实践能力，这些能力是以通往未来就业与职业岗位为导向的，是新时代高校大学生劳动技能提升的关键。2020年3月20日，中共中央国务院印发的《关于全面加强新时代大中小学劳动教育的意见》指出，劳动教育是中国特色社会主义教育制度的重要内容，直接决定社会主义建设者和接班人的劳动精神面貌、劳动价值取向和劳动技能水平。可见，对于社会而言，掌握好专业性劳动技能的社会人才是满足中国特色社会主义事业不断进步与发展的需要。对于高校大学生而言，掌握必要的专业性劳动技能是立足于社会生存的首要条件，更是高校劳动教育的着力点。

（一）在前期阶段，要让大学生夯实系统化的理论与方法

专业性劳动技能离不开专业理论与专业方法的传授，需要通过专业知识的积淀与学习才能形成。换句话说，专业性劳动技能对专业理论与专业方法的依赖不是被动的，而是一种主动应用的延展。一个人是否学过相关专业知识，在从事某项具体工作的技能水平和实际效果方面是有明显差异的，而是否能够通过反复实践操练，将所学知识转化为改造事物的专业技能，对专业知识学习效果同样有重要影响。在现实生活中，一位理论功底深厚的医学博士未必能看得好病，因为看病需要在临床实践中不断积累经验，但这位医学博士看病的能力肯定比一位建筑工人强；同样的道理，一位美术大师盖房子的技能恐怕没法和这位建筑工人相比，因为他脑海里储备的更多是关于绘画的专业知识。因此，充分运用劳动理论或专业方法进行劳动技能的教育是尤为重要的，既要考虑到我国目前科学技术、社会生产与社会条件发展的现实需求，更要考虑到大学生毕业后与社会主义市场需求对接的程度，以此统筹安排高校劳动技能相关的专业知识教育。在专业理论方面，自然科学知识可以为劳动技能的培训提供科学原理，高校劳动技能首先要以系统化、科学化的劳动知识为基础。在专业理论教学中，高校要引导学生注重对专业基本理论的研读，让学生在脑海中构建起基本的专业理论体系。如工科学生通过对电气知识、机械知识、企业生产知识等理论知识的研读，可以逐步形成专业基础素养，为日后劳动技能与相关理论知识相结合奠定基础。在专业方法方面，高等教育阶段培养的高素质劳动者，主要是以方法论为重。大学生要尽快转变对专业学习的认知观念，尤其在专业技能学习过程中，不仅要熟悉理论知识从假设到推演逻辑再到得出结论的整体认知，随时关注与跟踪专业发展的前沿动态，更新专业知识，

还要注重对实操过程中所存在的问题、操作流程以及注意事项进行学习,灵活掌握与运用劳动技能的专业方法。

(二)在实施阶段,高校要构建科学化的劳动技能教育

一是高校要强化校内专业实习实训环节,融"教、学、做"于一体,培养大学生的专业技术能力。为有效适应劳动新形态的发展,传统专业实训要在互联网信息技术、仿真模拟技术等方面进行全面升级,以满足大学生对服务体验、专业实操的专业性实践需求,为大学生的专业技能发展赋能。例如,物流专业可以运用三维动画技术,对整个物流活动进行模拟。如果要了解仓库管理运营,当软件运行后,学生就可以看到仿真的整个仓库及货物情况,这时候学生就可以根据模拟的任务单,进行货物的入库、分拣、包装等实操工作。二是深度挖掘多方资源优势,开展专业实训项目。高校要加强校企合作,组成专业的项目团队,根据项目学习要求,分析规划项目的目标定位、研究方向、细分职责、素材需求、劳动工具、劳动知识理论与劳动技能等明细列表,最终通过实训项目落实培训效果,巩固劳动技能与方法。比如,食品生产相关专业可以与校外的蛋糕店合作,组织蛋糕烘焙项目技能实训小组,由蛋糕店师傅领衔,学习设计新的蛋糕样式,并根据蛋糕制作流程要求,实际参与制作过程,在蛋糕制作过程中,会进一步巩固理论知识学习,并详细了解劳动注意事项与操作要求,提高实际劳动能力与技术水平。

(三)在后期阶段,高校要将技能训练纳入劳动教育评价体系

高等教育阶段开展劳动教育时,需构建一套系统完善的评价体系,不断推进劳动教育的有序开展。通过对大学生进行评价与激励的方式来推进技能训练纳入高校劳动教育评价体系,可以提升大学生参与劳动的积极性,增强劳动教育的实际效果。具体而言,可以对大学生在劳动技能训练中的成果与表现进行全方位的考核评价,通过设置劳动技能的内在与外在的两项指标体系,予以打分。其中,以劳动态度、职业精神与善于劳动等作为内在指标,以劳动技能的理论知识的掌握、劳动实训过程中生产技能的熟练程度、理论与实践相结合的运用程度以及劳动技能训练的实效等作为外在指标,以此形成全面化的劳动专业技能评价体系。劳动技能评价结果应成为大学生全面发展的重要指标,高校应将其作为评优评先等工作的主要参考依据。

二、综合性劳动技能

随着我国社会经济发展水平的不断提升,对技术技能型人才的要求越来越高,而加强专业性劳动教育、提升劳动精神与素养等,正是培养综合性劳动技能的基础性条件。2020年3月20日,中共中央、国务院印发《关于全面加强新时代大中小学劳动教育的意见》指出,通过劳动教育,使学生能够理解和形成马克思主义劳动观,牢固树立

劳动最光荣、劳动最崇高、劳动最伟大、劳动最美丽的观念；体会劳动创造美好生活，体认劳动不分贵贱，热爱劳动，尊重普通劳动者，培养勤俭、奋斗、创新、奉献的劳动精神；具备满足生存发展需要的基本劳动能力，形成良好劳动习惯。可见，综合性劳动技能的培养应成为高校劳动教育的内容之一。这是满足大学生生存和发展所需的基本劳动能力，也是让大学生动手实践、应用和掌握相关技术、感受劳动创造价值、形成社会责任感的基础能力。

（一）高校要提升大学生的综合性劳动技能素养

综合性劳动技能素养是大学生在劳动实践中形成的一种综合素质，对高等教育技术技能型的人才培养有着深刻且直接的影响。新时期劳动实践活动场域发生了新的变化，并赋予劳动价值观新的内涵，高校唯有培养大学生正向积极的综合性劳动价值观，劳动过程中形成的情绪情感、自我概念、动机、品质、人际互动能力、行为习惯等，才能有效转化为综合性技术技能型人才进行设计、构想、革新与转化的价值动力。这是因为，综合性劳动技能素养的培养对大学生的成长成才具有极其重要的作用，培养大学生的综合性劳动技能成为高校的重要内容。其重要性具体体现在以下几个方面。

一是综合性劳动技能对大学生道德的培养具有重要作用。以高校机械加工技术专业为例，高校教师依据教学目的，让大学生在一定程度上了解与掌握了机械加工的研究对象、工艺过程、相关概念后，通过相关短视频和图片，让大学生能够充分了解到我国以及国际社会上机械制造业的趋势与现状等，让大学生深刻感受到我国机械制造业的先进与辉煌，从而激发大学生的国家自豪感，增强其专业和课程学习的积极性。

二是综合性劳动技能对大学生智力的培养具有重要作用。从本质上讲，高校综合性劳动技能的培养是一项实践活动，其教学在很大程度上是促进大学生动手能力与动脑能力的结合。以高校艺术专业为例，结合校园文化与专业特色，开展劳动文化节，举办综合性劳动活动，如设计、绘画、剪纸等。在劳动实践环节中，大学生的思维能力会更加清晰，其想象力、创造力以及思维力等也会伴随着技术的提高而得到相应程度的提升。

三是综合性劳动技能对大学生眼界的开阔具有重要作用。高校大学生综合性劳动技能的培养能增强大学生的见识与阅历，让高校劳动教育更加具有深度与广度。以高校信息型专业为例，高校引导大学生通过互联网信息技术开阔自身的眼界，充分认识到信息技术过程中存在的价值与作用。在劳动实践过程中，运用相关信息技术（如C语言、VR技术、AI编程以及Powerpoint等）与技能型劳动相结合，以此来改变传统的劳动教育教学模式，为大学生提供更多自主实践、自主探索和多元化学习的机会。

四是综合性劳动技能对大学生创新能力的培养具有重要作用。高校大学生综合性劳动技能的掌握，其本质上就是拥有良好的创新意识、创新能力以及实践能力等，从而激发大学生的想象力与创新力。以高校物理化学专业为例，培养高校大学生对于物理化学的实践操作，有助于大学生在该专业中了解不同客观事物之间的规律反应与必然联系，让大学生明白每一种客观事物的反应均要受一定条件的制约，从而在一定水平的制约下进行创新。

（二）高校要提供综合性劳动技能考证的培训平台

综合性劳动技能包括单向综合劳动技能和职业综合性劳动技能两类，分别以学生获得相应的技能证书为标准。当前，单向综合性劳动技能证书包括普通话等级证书、外语等级证书、计算机等级证书、汽车驾驶证以及游泳等级标准等；职业综合性劳动技能证书包括各类职业资格证，如导游资格证书、律师资格证书、教师资格证书、心理咨询师证书、茶艺师资格证书以及景观设计师资格证书等。那么，如何帮助高校大学生获取综合性劳动技能资格证书是高校必须重视的事情。高校要探索知识基础、实践能力与人文素养融合发展的人才培养模式，根据社会对人才的发展需求，制定科学的、切实可行的人才培养方案。以提升职业素质和职业技能为核心，优化学科专业结构，在允许高等院校扩大学科专业设置自主权的条件下，专业设置要以服务地方经济发展为前提，以就业为导向，设置课程要与职业资格考试的科目相匹配。

第五节　创造性劳动

创造性劳动是中华民族持续发展的助推器。创造性劳动是在原有劳动知识与思维、劳动方法与内容等方面进行不断的创新与突破，以此形成高效的劳动效率与超值的社会财富。2016年8月，人力资源和社会保障部、财政部在《关于深入推进国家高技能人才振兴计划的通知》中提出"十三五"期间，国家高技能人才振兴计划要紧紧围绕人才优先发展和创新驱动发展等战略任务，培养造就一大批具有高超技艺、精湛技能和工匠精神的高技能人才，稳步提升我国产业工人队伍的整体素质。2020年11月24日，习近平总书记在全国劳动模范和先进工作者表彰大会上指出："当今世界，综合国力的竞争归根到底是人才的竞争、劳动者素质的竞争。"[①]在中国特色社会主义新时代的背景下，为实现中华民族伟大复兴的"中国梦"，我们仍要发扬与继承创造性劳动的优质品质与劳动精神，以推动中国制造向中国创造转变。聚焦教育场域，高校要引导大学生通过社会实践、实习实训等渠道，了解社会经济发展向他们提出解决新问题、创造新事物的要求，并将此要求不断内化于创造新事物的愿望，及时掌握现代劳动技能与科学知识，使学生实现从重复性劳动向创造性劳动的跨越式发展。

---

① 习近平.习近平总书记在全国劳动模范和先进工作者表彰大会上的讲话[J].工会博览，2020(36)：11-13.

一、加强大学生创新性思维培养

创造性劳动实践活动是将脑力劳动与体力劳动有机结合,把创新性思维与劳动实践活动融为一体,寻找劳动实践活动中的创新元素,从而激发大学生在劳动创造中的探索精神、创造性思维和批判性思维。对于高校而言,要培养学生的创造性劳动能力,首先要加强学生的创新性思维培养,重点从创造性思维和批判性思维入手,开展创新性劳动教育活动。

(一)要将创造性思维培养融入劳动实践活动之中

创造性思维不同于常规思维,是人类认知新领域、开创新成果的思维互动,具有独创性、非逻辑性以及灵活性等特点。"创造"一词在《现代汉语词典》[①]中的解释是:想出新方法,建立新理论,做出新的成绩或东西。"做出新的成绩或东西"是创造性劳动最直观的评估标准。根据马克思主义思维与存在、理论与实践的辩证统一关系,在影响创造性劳动能力的各种素养中,创造性思维扮演着重要的角色。只有劳动者具备了基本的创造性思维,才有可能在劳动实践中不断提高自己的创造性能力,产生更新颖、更有影响力的创造性劳动成果;反过来,创造性实践过程又会进一步强化劳动者的创造性思维,不断改善劳动者的创造性思维品质,继而形成良性循环的上升过程。因而在一定意义上可以说,创造性思维是实现创造性劳动的核心要素。

(二)将批判性思维培养融入劳动实践活动之中

所谓批判性思维,就是人们综合运用形式逻辑、非形式逻辑以及其他相关技能,对观点、判断、命题、论证、方案等一阶思维进行再思维的工具。其目标是要追求论证的逻辑明晰性和证据材料的可靠性,使人的观念和行为都建立在理性慎思的基础之上,帮助人们做出可靠的决策判断。批判性思维强调重视理性的地位,要求思考者倾向于进行理性评价,并将自己的信念和行动都建立在理性评价的基础上,而其中最重要的就是恰当地使用理性进行质疑的能力。在此意义上,批判性思维是创新人才的首要思维范式。批判性思维对理论创新而言具有重要价值,更重要的是,对于创造性劳动能力的提升、高层次创造性劳动人才的培养与识别而言,批判性思维训练还具有重要的实践价值。教师要善于把劳动实践与社会现实以及学生的生活实际、思想实际结合起来,针对教学内容设计若干探索性学习研究课题,通过设置富有启发性、引导性的真实、有意义的问题和难题让学生解答;设置有多种解法的问题让学生思辨,设置一些问题答案让学生去争辩或阐释,设置一些问题让学生去联想或进行再创造等以训练批判性思维。

---

① 中国社会科学院语言研究所词典编辑室编.现代汉语词典[M].北京:商务印书馆,1996.

二、加强大学生创新创业能力培养

随着人工智能、大数据信息系统等新兴技术不断地影响着人们的生活，劳动形态也随之不断变革，创造性劳动正在成为新时代高校劳动教育的重要特征。在新时代教育背景下，创新创业教育已成为我国高校创造性劳动实践活动的重要载体。高校注重围绕创新创业教育开展劳动实践活动，就是要引导大学生在劳动实践活动中创造性地去解决问题，深刻认识与理解新时代创造性劳动的本质，进而促进大学生德智体美劳全面发展。具体而言，就是要鼓励学生积极参加各种创新实践活动，帮助大学生理论联系实际，培养大学生的创新创业能力。

一是引导学生积极参加各种国际比赛、竞赛活动，如奥运会、亚运会、世锦赛、艾景奖国际园林景观规划设计大赛等。

二是鼓励学生在综合性的创新创业大赛中尝试新方法、探索新技术、解决新问题，如"互联网+"大学生创新创业大赛、"挑战杯"中国大学生创业计划竞赛、国家级大学生创新创业训练计划项目等，培养学生的创新精神和实践能力。

三是引导学生积极参加由教育部等部委主办的各类大学生学科竞赛，如全国艺术体操锦标赛、大学生数学建模大赛、大学生电子设计竞赛、大学生机械设计大赛、计算机仿真大赛、大学生结构设计竞赛、工程训练中心综合能力竞赛、"挑战杯"全国大学生课外学术科技作品竞赛等。

四是引导学生积极参加由教育厅（教委）主办的各类竞赛，如物理实验创新设计大赛、"飞思卡尔"智能车大赛、化学实验技能竞赛、生物实验技能大赛、土木工程专业结构力学竞赛、美术与设计大展、师范生教学技能大赛等。

五是引导学生积极参加由全国性学会（协会）主办的各类竞赛，如全国大学生数学竞赛、全国软件专业人才设计与开发大赛、大学生网络商务大赛、先进图形技能大赛、全国大学生英语竞赛、中国大学生原创动漫大赛等。

第三章　全面构建新时代特征的劳动教育体系

全面构建体现新时代特征的劳动教育体系，意味着让学生接受扎实有效的劳动教育，强调以习近平新时代中国特色社会主义思想为指导，落实立德树人根本任务，把劳动教育纳入人才培养全过程，贯通大中小学各学段，贯穿家庭、学校、社会各方面，与德育、智育、体育、美育相结合，把握育人导向，遵循教育规律，创新体制机制，注重教育实效，实现知行合一，促进学生形成正确的世界观、人生观、价值观。

第一节　理解劳动教育基本内涵

劳动教育是一个动态、发展的概念，其内涵随着时代的变化而不断丰富、发展和完善。至今社会各界对劳动教育的内涵在一定程度上存在着误解。在学校和家庭教育中，劳动常常被窄化为参与简单的体力劳动，致使劳动教育成为与脑力劳动、日常学习无关的活动，被认为是学生的额外负担，也因此使劳动教育的价值没有得到彰显。劳动教育有时甚至被等同于技艺学习、娱乐活动、惩罚手段。这些现实畸变都与对劳动教育的内涵缺乏深度解读有关。要全面构建体现新时代特征的劳动教育体系，首先要深刻理解劳动教育的基本内涵。

一、劳动教育是国民教育体系的重要内容

劳动教育是社会主义建设事业的需要，对劳动教育的强调是社会主义教育的根本特征之一。然而，受市场经济体制的建立，工业化和城镇化进程的不断推进，以及人口与计划生育政策的实施等因素的影响，社会对于劳动的认识不断发生改变。当前存在一些青少年不珍惜劳动成果、不想劳动、不会劳动的现象，劳动教育正在被软化、弱化。基于此，必须明确新时代劳动教育是中国特色社会主义教育制度的重要内容，是我国国民教育体系不可缺少的一部分，是学生成长的必要途径。加强新时代劳动教育，要以习近平新时代中国特色社会主义思想为指导，帮助当代青年深刻理解和形成马克思主义劳动观。

《教育大辞典》从劳动教育的内容和劳动素养出发，将劳动教育定义为"劳动、生产、技术和劳动素养方面的教育，旨在培养学生正确的劳动观点、劳动态度、劳动习惯，使学生获得工农业生产基本知识和技能"[①]。学者檀传宝也从劳动素养方面界定

---

① 顾明远. 教育大辞典 8[M]. 上海：上海教育出版社，1991.

劳动教育，认为劳动教育是以提升学生劳动素养的方式促进学生全面发展的教育活动，并指出良好的劳动素养包括确立正确的劳动观点、积极的劳动态度、热爱劳动和劳动人民、形成劳动习惯、有一定劳动知识与技能、有能力开展创造性劳动等。可见，在养成良好劳动素养方面，劳动教育特别强调：其一，促进学生具备一定劳动知识与技能，成为全面发展的人；其二，发展学习者创造性劳动的潜质，成为新时代所需要的创造性劳动者；其三，形成良好的劳动习惯，成为"流自己的汗、吃自己的饭"、有尊严、有教养的现代公民。

高职教育培养的是适应生产、建设、管理、服务第一线需要的高素质技术技能人才，尤其需要吃苦耐劳、艰苦奋斗精神。在社会价值观多元化的背景下，一些学生好逸恶劳、拈轻怕重，毕业后频繁跳槽，表明其劳动意识、劳动态度以及劳动精神等方面都出现了一定的问题，亟须补上劳动教育这块短板。劳动教育是培养和提高高职学生劳动素质和职业能力的重要途径，有助于培养正确的劳动观、价值观、成才观，对高职院校育人工作有着重要意义。在高职院校重视劳动教育，重构"德智体美劳"的教育体系，既是落实教育为人民服务，培养社会主义劳动者的政治需要，又是培养大国工匠，助推产业结构转型升级的经济需要，更是调整教育结构和提高教育质量的需要。

二、劳动教育具有综合育人价值

新时代劳动教育立足于人的整体性，融合多学科知识，对人、社会和自然进行整合，将理论知识有机融入现实社会，对学生健全人格发展起着重要作用，具有树德、增智、强体、育美的综合育人价值，全党全社会必须高度重视，坚持立德树人，把劳动教育贯穿于人才培养的全过程。

（一）劳动能"树德"

品德修养是一个人的立身之本、成才之要。习近平总书记强调，"一个人只有明大德、守公德、严私德，其才方能用得其所"[①]。劳动是人类最基本、最普遍的实践活动，在培养和发展人的道德品质、提高人的思想境界过程中扮演着重要的角色。马克思在《政治经济学批判》中指出，"在再生产的行为本身中……生产者也改变着，炼出新的品质，通过生产而发展和改造着自身，造成新的力量和新的观念，造成新的交往方式、新的需要和新的语言"[②]。劳动教育的核心是培养劳动价值观、劳动情感态度和劳动伦理品德，与道德教育有着天然的密切联系，还曾一度作为德育的重要内容。青少年阶段是人生的拔节孕穗期，最需要精心引导和栽培，尤需以劳树德，扣好人生的第一粒扣子。把劳动教育纳入人才培养全过程，注重培养勤俭、奋斗、创新、奉献的劳动精神，引导学生树立正确的劳动观，崇尚劳动、尊重劳动，增强对劳动人民的感情，报效国

---

① 习近平. 习近平谈治国理政 第1卷[M] 北京：外文出版社，2018.
② （德）马克斯. 资本论 政治经济学批判[M]. 郭大力，王亚南译. 读书出版社，1938.

家,奉献社会。劳动本身就是一种美德,可以使学生深刻理解"幸福是奋斗出来的",唯有通过辛勤劳动才能实现人世间的美好梦想,从而更加坚定为中华民族伟大复兴而奋斗的理想信念;可以使学生积极践行社会主义核心价值观,主动参加志愿服务,勇于担当时代责任,不断增强社会责任感和公益心,大力弘扬社会文明新风尚;可以使学生更加珍惜劳动成果,明白"成由勤俭败由奢"的道理,牢固树立节约光荣、浪费可耻的思想观念;可以使学生懂得"天下大事,必作于细",成就事业必须脚踏实地,把劳动当作锻炼自己难得的机遇,用不懈劳动创造出彩人生、为民族复兴赋能。

(二)劳动能"增智"

劳动作为一种创造性活动,是一切知识的源泉。无论是体力劳动,还是脑力劳动,要想熟练掌握一项劳动技能,必须手脑并用。大脑指挥手做出各种各样的动作,劳动过程中的不断试错和纠错,又促进了大脑的思考。劳动还能将学生在课本上学到的知识用于实践,学以致用,解决生活问题。在这样的劳动过程中,学生对书本知识的理解会更深、记得更牢,既训练了实践技能,又促进了智力的不断发展。

新时代劳动形态已发生了重大变化,不仅是传统的简单劳动,还包括新兴、复杂的创造性劳动,特别是以人工智能、大数据、云计算、区块链等为代表的科学技术劳动,日新月异,各种新事物、新知识、新技术层出不穷,为新时代劳动注入新的内涵。新时代实施劳动教育,应与时代发展同向同行、同频共振,应注意手脑并用、安全适度,强化实践体验,让学生亲历劳动过程,注重培养学生科学精神,引导学生在干中学、在学中干,善于发现问题,勇于探索新知,提高创造性劳动能力,实现智慧劳动、创造劳动,提升育人实效性。

(三)劳动能"强体"

毛泽东同志指出,"欲文明其精神,先自野蛮其体魄"[①]。从人的身体生长发育规律来看,青少年时期是生长发育的关键期,这一时期身体发育状况直接关乎将来的生命质量。劳动不是一种简单的体力或脑力活动,而是一种有效的教育手段、科学的健体方式,特别是适当的体力劳动,能够促使人的肌体充满活力,改善血液循环,促进新陈代谢,优化生理机能,磨炼意志耐力,对促进青少年身体发育、培养健康体魄、实现全面发展具有十分重要的作用。

实施劳动教育的重点是让学生动手实践、出力流汗,接受锻炼、磨炼意志。这突出强调了劳动教育要以课堂之外的体力劳动为主,符合青年学生身心成长规律和教育规律;要有助于学生强身健体、吃苦耐劳、注重协作,为其全面发展、健康工作、幸福生活打下坚实基础。

---

① 毛泽东. 体育之研究 [M]. 北京,人民体育出版社,1979.

（四）劳动能"育美"

审美是人类重要的精神活动，人类发展史既是一部自然进化的历史，也是一部在文明发展中不断自我教育的历史。马克思在《1844年经济学哲学手稿》中提出"劳动创造了美"的观点，科学揭示了美的根源在于劳动，反映了劳动之美具有合规律性与合目的性的有机统一。劳动是个体谋生的基本手段，一切幸福都源于劳动价值的美丽绽放。习近平总书记强调，幸福不会从天而降，美好生活靠劳动创造。当前，一些青年学生价值观、幸福观、审美观出现了偏差，有的人不懂劳动、不愿劳动、不会劳动，甚至幻想不劳而获、少劳多得、一劳永逸。劳动既具有传授知识技能的教育功能，又具有创造美好的价值功能，注重追求人的自我实现和全面发展。

实施劳动教育，可以有效发挥青年学生的主观能动性，深入挖掘学生的创新创造潜能，使学生在致力创造美好的过程中，体验劳动愉悦、收获劳动成果，从而实现自我完善与自我提高，不断增强创造美和欣赏美的能力。构建大中小学各学段上下贯通，普通教育与职业教育有机衔接，家庭、学校、社会各方面相互作用的劳动教育体系，引导不同层次、不同阶段、不同类型学生在劳动中循序渐进培养审美观念、丰富审美体验、提升审美旨趣，深刻认识和理解劳动之美，真正懂得"劳动最光荣、劳动最崇高、劳动最伟大、劳动最美丽"的道理，主动追求更有高度、更有境界、更有品位的美好人生。

三、教育与劳动相结合，确立劳动教育的独立学科地位

劳动不仅创造了历史，还成就了教育。教育与劳动相结合是马克思主义教育的基本思想，也是1995年3月18日全国人大常委会颁布的《中华人民共和国教育法》规定的明确要求。列宁指出："没有年轻一代的教育和生产劳动的结合，未来社会的理想是不能想象的；无论是脱离生产劳动的教学和教育，或是没有同时进行教学和教育的生产劳动，都不能达到现代技术水平和科学知识现状所要求的高度。"[①]苏联教育家苏霍姆林斯基认为，"离开劳动，不可能有真正的教育"[②]。无论时空如何变化，时代如何发展，劳动促进人全面发展的作用都不会发生改变。

依据马克思主义劳动观，劳动分为生产劳动和非生产劳动，相应的劳动教育可分为生产劳动教育和非生产劳动教育。鉴于劳动教育内容的针对性和可行性，非生产劳动教育分为日常生活劳动教育和服务性劳动教育。前者注重在学生个人生活自理中强化劳动自立意识，体验持家之道，这也是学生健康发展、适应社会生活的重要基础；后者具有较强的时代特点，注重利用知识、技能、工具、设备等为他人和社会提供服务，

---

① 中共中央马克思恩格斯列宁斯大林著作编译局，列宁全集：第2卷[M]、北京：人民出版社，1986.

② （苏）苏霍姆林斯基.关于全面发展教育的问题[M].王家驹等译.长沙：湖南教育出版社，1984.

特别是在公益劳动、志愿服务中强化社会责任，培养良好的社会公德。

随着时代的发展，劳动的构成更加复杂多元，现代化、信息化、智能化的劳动内容不断增加。高职院校实施劳动教育应针对高职学生的特点，根据人才培养目标，在系统的文化知识学习之外，有目的、有计划地组织学生参加日常生活劳动、生产劳动和服务性劳动，让学生动手实践、出力流汗，接受锻炼、磨炼意志，培养学生正确的劳动价值观和良好劳动品质，实现知行合一，获得身心全面发展。这实际上确立了劳动教育的独立学科地位，将劳动教育与智育区别开来，强调劳动教育不同于系统的文化知识学习，或者说不能用系统的文化知识学习代替劳动教育，劳动教育具有自己独立的教育体系。

第二节　明确劳动教育总体目标

从"德智体美"到"德智体美劳"，要求五育并举、协同育人，充分体现了党和国家对劳动教育的高度重视和引导学生崇尚劳动、尊重劳动的目标导向。新时代劳动教育，主要是针对一些青少年中出现的不珍惜劳动成果、不想劳动、不会劳动的现象，从思想认识、情感态度、能力习惯三个方面明确了总体目标，即通过劳动教育，使学生能够理解和形成马克思主义劳动观，牢固树立劳动最光荣、劳动最崇高、劳动最伟大、劳动最美丽的观念；体会劳动创造美好生活，体认劳动不分贵贱，热爱劳动，尊重普通劳动者，培养勤俭、奋斗、创新、奉献的劳动精神；具备满足生存发展需要的基本劳动能力，形成良好的劳动习惯。这一总体目标，突出强调了劳动教育的思想性，体现了劳动的知情意行各个要素的辩证有机统一，为在高职人才培养全过程中切实加强推进劳动教育、提升教育实效指明了正确方向与科学路径。

一、全面构建劳动认知体系，突出劳动教育的思想性

第一，系统掌握马克思主义劳动观的基本原理。通过专题讲授，明确马克思主义劳动观的基本内容：劳动是人类的本质活动、劳动创造了人、劳动交往推动了人类社会和人类历史的形成与发展、劳动是价值创造的源泉、对资本主义劳动异化问题的批判、劳动对人自身解放的意义与作用等等。这些内容为学生构建科学的劳动知识体系夯实了理论基础。第二，树立正确的劳动价值观。引导学生能够对劳动及其在各自人生目标中的作用和意义进行正确的价值判断，牢固树立劳动最光荣、劳动最崇高、劳动最伟大、劳动最美丽的观念。要以辛勤劳动为荣，以好逸恶劳为耻，形成正确的劳动伦理道德。第三，加强劳动法律教育。劳动是全体公民的权利和义务，指导学生学习宪法和劳动法中关于公民劳动、合法劳动、维护劳动者合法权益以及公民依法履行劳动义务等相关规定，树立法治观念，增强法律意识。

二、培养高尚的劳动情感,形成对劳动的情感认同

劳动情感是对劳动是否满足自身需求而产生的态度体验,具体表现为对劳动是尊重还是轻视,是热爱还是厌恶的情感倾向。培育高尚的劳动情感是新时代劳动教育总体目标的关键内容,要帮助学生树立崇尚劳动、尊重劳动、热爱劳动的观念,让他们懂得"一切劳动,无论是体力劳动还是脑力劳动,都值得尊重和鼓励;一切创造,无论是个人创造还是集体创造,也都值得尊重和鼓励"①。只有产生与马克思主义劳动观相一致的积极劳动情感,学生才能在真正意义上理解劳动没有高低贵贱之分,日后走上社会工作岗位才能干一行、爱一行、钻一行。情感认同是以情感所特有的方式来实现对价值观的认可与接受,对劳动的情感认同是建立在情感体验基础之上的,即日常生活场景下对劳动价值观的直观感受与体验。要遵循情感教育规律,通过在全社会营造劳动光荣、创造伟大、切实尊重与保障劳动者权益的社会氛围以及对劳动模范先进事迹和进取精神进行大力宣传,使得学生在感受新时代中国特色社会主义建设发展所汇聚的强大正能量之时精神振奋,运用情感的增力作用提高自身的劳动实践能力,更好地发挥劳动的积极性、主动性和创造性;发生负面事件时,要善于调节学生的消极劳动情绪,做好这些消极劳动情感的转化和升华工作,努力去除消极情感的减力作用,将学生的消极情感转化为积极劳动行为的动力。高级情感的充分发展依托于多彩的实际生活场景,培养健康的劳动情感,增强情感认同,必须使学生尽可能丰富自身健康的劳动生活内容,在感受生活意义的同时增强对劳动的情感体验。

三、培育优秀的劳动意志品质,充分发挥劳动意志品质的调控作用

意志品质是人在克服困难、实现特定目标的过程中表现出来的品性和素质,劳动意志品质主要体现为从事劳动行为的自觉性、劳动过程中遇到困难的坚持性、劳动选择的果敢性以及受到诱惑所表现出的自制性。劳动行为本质上就是一种意志行动,当前部分学生中出现的劳动"知行分离"现象,其关键原因就在于缺乏上述排除内外障碍以努力实现社会劳动要求的坚强的意志品质。劳动意志品质的调控作用贯穿于人对劳动的认知、情感与行为过程,劳动意志坚定,才可能有深入持久的劳动认知过程,才可能对劳动产生火热的情感,才可能形成良好的劳动行为习惯;反之亦然。顽强的意志行动来源于伟大的目标与科学的世界观,要将马克思主义劳动观与人生理想、与实现中华民族伟大复兴的宏伟目标紧密结合,为培养学生良好的劳动意志品质提供坚定正确的方向指引;充分发挥劳动情感的助力功能,激发学生热爱劳动、自觉自愿从事劳动实践,弘扬劳动精神、促进劳动意志品质的活跃性;由易到难,循序渐进,持之以恒,注重在日常生活的平凡实践活动中锤炼劳动意志品质。

---

① 习近平.在庆祝"五一"国际劳动节暨表彰全国劳动模范和先进工作者大会上的讲话[N].人民日报,2015-4-29.

四、掌握劳动技能，形成良好的劳动行为习惯

必要的知识与技能是实际行为具有科学性的保证，一些学生"不珍惜劳动成果、不想劳动、不会劳动"的现象，部分原因就是缺乏基本的劳动技术。无论是体力劳动还是脑力劳动，都有其自身的规律性。学校、家庭、社会要形成协同育人格局，通过设置各个层次的劳动教育课程体系和日常化、规范化、多样化的劳动教育形式，让学生熟练掌握基本的劳动操作技术，具备实践动手能力，让他们"能劳动，会劳动"。实践育人，劳动精神与劳动习惯的养成离不开劳动实践的锤炼。要努力拓展劳动实践渠道，有目的、有计划地组织学生参加生活生产劳动、服务性劳动与创新性劳动，让学生在出力流汗和辛勤创造中掌握劳动技能，提高劳动素养。劳动是一种辛苦的付出，劳动体验的过程有利于学生端正劳动态度，增强劳动责任意识，理解与尊重他人的劳动成果，而学生在体验劳动成果带来的获得感的同时，更能充分认识劳动的价值与意义，良好的行为习惯也得以形成与固化。

第三节 设置劳动教育课程体系

在新时代背景下，设置劳动教育课程体系是全面构建体现时代特征劳动教育体系的一项重要内容。为使劳动教育落实落地，应以课程为抓手，整体优化劳动教育课程设置，设立劳动教育必修课和劳动周，保证必要的劳动实践时间，同时强调其他课程有机融入劳动教育内容和要求；积极推进劳动教育课程改革，全面搭建劳动教育的平台，形成培养学生劳动意识、劳动习惯和劳动技能的多维阵地。

一、整体优化劳动教育课程设置

整体优化学校课程设置，高职院校应将劳动教育纳入人才培养方案，形成具有综合性、实践性、开放性、针对性的劳动教育课程体系。其中，劳动教育课程设计是重要一环，应注重学生核心素养的培养。具体来说，劳动教育课程设计应当包括劳动意识、劳动习惯、劳动素养、劳动技能、劳动成果等要素，让学生在劳动教育课程中提高对劳动重要性的认识，自觉形成劳动习惯，具备务实重行、不畏困难、百折不挠、精益求精、追求卓越的劳动素养和品格，锻炼学生的动手能力以及创造性设计、研发的能力，从而最终做出创造性的劳动成果。

从整体来看，不仅要大力推进劳动教育课程设计的落实，而且要执行已有劳动教育的相关课程，将劳动教育课程纳入教学大纲和教学计划。高职院校应以实习实训课为主要载体开展劳动教育，其中劳动精神、劳模精神、工匠精神专题教育不少于16学时。开展劳动教育除了开设专门的劳动教育必修课程外，还要结合其他课程的学科、

专业特点，梳理各学科中所蕴含的劳动知识和劳动教育功能，实现劳动教育与其他学科知识体系的有机融合，润物细无声地将劳动教育思想和内容有机融入各学科教学，让学生受到潜移默化的影响。如思想政治教育与劳动教育的整合，以德育增强认识，实现德育与劳育协同育人；专业课与劳动教育的整合，根据不同专业的学科特色，充分挖掘劳动教育的元素，有针对性地引领青年提升劳动素养。此外，还可在职业辅导、就业指导等课程中融入劳动精神和劳动知识，给予大学生适当引导，让他们正视自身劳动技能的优点和缺点，找到合适的工作岗位，为学生今后的学习和就业奠定基础。还可以把毕业实习、实训与劳动教育的内容充分结合，在强化专业知识和专业技能中培养大学生的劳动素养。

此外，高职院校可在学年内或寒暑假设立劳动周，以集体劳动为主；也可安排劳动月，集中落实各学年劳动周要求。有条件的地方和高职院校还可以开发地方特色课程和校本课程，为学生提供更丰富多样的劳动教育课程。高职院校可根据需要编写劳动实践指导手册，明确教学目标、活动设计、工具使用、考核评价、安全保护等要求。

二、积极推进劳动教育课程改革

劳动教育课程改革要紧紧把握时代特点，旨在教育学生在继承中华民族优秀劳动传统的同时掌握新时代劳动基本技能，树立现代劳动观念，使劳动意识和行为与未来社会发展需求相匹配，为培养高素质劳动者和接班人奠定坚实基础。在劳动教育课程的设计上，要加强系统规划，一方面要体现学段特征的渐进性，另一方面要体现不同层面和类别劳动素养的目标要求和实现路径，用科学的顶层设计引领学校的创新实践。要进一步增强劳动教育课程的先进性和科学性，梳理并审定已有相关劳动教育的各种课程和教材，明确课程内容，有针对性地调整劳动教育课时，保障劳动教育能够可持续、与时俱进地长期开展。开放劳动教育教材的区域输出和输入渠道，促进一些具有先进教育思想、教学方法、学习模式的教材跨区域流通，有效交流。探索适合劳动教育实施的多种教学模式，不断提高劳动教育的教育教学质量，支持和鼓励学生积极参加社会劳动实践、志愿服务等活动，在劳动过程中逐渐养成敢于承担社会责任、饱含真善美的情怀。

三、全面搭建劳动教育的平台

全面加强新时代劳动教育，不仅需要落实到课程优化设置上，还需要搭建良好的实施平台。很多国家都十分重视劳动教育课程设计与平台搭建。例如：日本劳动课程体系历史悠久，包括家政课、午餐教育、田地教育等，将劳动教育融入校园和家庭。德国十分强调和重视基础教育中的劳动技术教育，把它视为学生职业生活和社会的重要准备和基础，是学生全面素质教育的重要组成部分，精心设计并贯穿在基础教育的全过程。美国的劳动教育围绕着学生的职业生涯规划而开展，课程主要分为基于成为家庭有效成员的劳动教育、基于就业的劳动教育、基于公民培养的劳动教育。

我们可以参考借鉴西方发达国家劳动教育的经验，着眼于我国和本地实际，紧密结合当代高职学生全面发展和区域经济社会发展的需要，积极创设广泛多样的劳动教育实践平台，突出体力劳动，让学生动手实践、出力流汗、接受锻炼、磨炼意志。校内平台开发方面，除已建立的实训基地、实训车间外，教室、图书馆、运动场馆等校园场所都是开展劳动教育的重要资源。同时，结合校园文化建设，开展与劳动教育有关的多样化的课外活动，例如征文演讲比赛、"文明寝室评比"、劳动技能竞赛等，学生亲身体验劳动，感悟劳动的意义；还可以利用宣传标语、校园广播、微信公众号等传播载体，或者召开劳动模范和先进人物的报告会、分享会和学习会，做好对劳动模范、工匠精神的宣传工作，通过一系列切实有效的措施营造崇尚和尊重劳动的良好氛围。这对大学生形成正确的劳动意识，提升劳动素养将起到重要的作用。

校外平台拓展方面，加强与地方政府、周边社区、产业园区等的合作，充分利用和有效整合各类社会劳动教育资源，构建优势互补、联动发展的校内外多元劳动教育平台。总而言之，应通过劳动教育的课程设计与平台搭建，在全社会创造浓厚的劳动文化氛围，激发广大学生热爱劳动的内生动力，教育引导他们学会劳动、学会勤俭、学会感恩、学会助人，立志成长为德智体美劳全面发展的社会主义建设者和接班人。

第四节 确定劳动教育内容要求

确定劳动教育内容要求，主要开展日常生活劳动教育、生产劳动教育和服务性劳动教育三个方面。在总体内容设计基础上，分学段提出教育内容要点，强化具体指导。

一、开展日常生活劳动教育，培养学生创造性解决实际问题的能力

日常生活劳动是一项基本技能，既是回报国家与社会的需要，也是自己今后安身立命的需要。"夙兴夜寐，洒扫庭内"①，热爱劳动特别是生活性劳动，是中华民族的优秀传统。洗衣做饭是劳动，打扫卫生是劳动，修理桌椅也是劳动，而且这些维持我们日常生活正常运转的"刚需劳动"技能，理应被每一个人所掌握。高职院校通过引导学生开展自我服务劳动、家务劳动、班务劳动、校务劳动等形式多样的日常生活劳动，帮助学生在个人生活自理中强化劳动自立意识，体验持家之道，培养学生创造性地解决实际问题的能力，为学生健康发展、适应社会生活奠定重要基础。

二、开展生产劳动教育，帮助学生养成艰苦奋斗、实干兴邦的素质

生产劳动是指直接创造物质财富的劳动，如从事农业、工业、交通运输业、建筑

---

① 季宏.诗经·大雅 小学诵读本 [M].西安：三秦出版社，2017.

业等的劳动。与普通教育（尤其是普通中小学）开展旨在增强学生劳动荣誉感、体会劳动的艰辛等情感培育不同，高职院校的劳动教育应注重围绕创新创业，结合学科和专业，积极开展实习实训、专业服务、社会实践、勤工助学等，为学生参加生产劳动创造更多机会。应帮助学生了解实际生产岗位工作人员所需具备的知识、技能、态度等综合职业能力，锻炼提高自身的操作技能，重视新知识、新技术、新工艺、新方法应用，创造性地解决实际问题，使学生增强诚实劳动意识，积累职业经验，提升就业创业能力，树立正确择业观，具有到艰苦地区和行业工作的奋斗精神，懂得空谈误国、实干兴邦的深刻道理，提升他们的就业创业能力与职业经验。

三、开展服务性劳动教育，培育学生的公共服务意识和奉献精神

服务性劳动包括志愿服务、社区服务、敬老服务等义务性、公益性劳动形式。高职院校要引导大学生深入社会、走进基层，在体验劳动服务社会的过程中，提高生产生活技能，强化学生的社会责任感，培育公共服务意识，培养良好的社会公德、艰苦奋斗意识与责任担当的优良品质，使学生具有面对诸如重大疫情、灾害等危机时主动作为的奉献精神。把劳动评价结果作为衡量学生全面发展的重要内容，作为评优评先进的重要参考和能否毕业的依据，将服务性劳动也融入学生日常学习和生活。此外，在开展服务性劳动教育的过程中，要结合产业新业态、劳动新形态，注重选择新型服务性劳动的内容。

让劳动成为劳动教育的最佳方式，还要防止劳动教育中的娱乐化、形式化、惩戒化等问题。要通过劳动培养学生生活自理能力，着力提升学生综合素质，把好劳动教育价值取向，促进学生全面发展、健康成长；通过劳动培养学生正确的世界观、人生观和价值观，弘扬劳动精神，养成热爱劳动的习惯，从而在劳动中发现生活的美；通过劳动培养学生正确的劳动观，形成对劳动的正确态度和看法，崇尚劳动、尊重劳动，增强对劳动人民的感情，报效国家，奉献社会，培养担当民族复兴大任的时代新人。

第五节　健全劳动素养评价制度

为使劳动教育更好地贯彻落实，防范学生劳动积极性不高、内在动力不足的问题，还需要健全劳动素养评价制度。将劳动素养纳入学生综合素质评价体系，制定一整套劳动素养评价标准，充分发挥评价的激励和导向作用，组织开展劳动技能和劳动成果展示、劳动竞赛等活动，全面客观地记录课内外劳动过程和结果，加强实际劳动技能和价值体认情况的考核。建立公示、审核制度，确保记录真实可靠。把劳动素养评价结果作为衡量学生全面发展情况的重要内容，使新时代劳动教育体系变得更加完善。

一、劳动素养评价的主要内容

劳动素养是指经过生活或教育活动形成的与劳动有关的人的素养,包括劳动价值观、知识、能力等具体指向。苏霍姆林斯基认为,劳动素养还包括"劳动活动在一个人精神生活中的作用和地位,以及劳动创造中的充实的智力内容、丰富的道德意义和明确的公民目的性"[①]。结合高职学生特点、评价指标可操作性、社会认知程度等综合角度来看,劳动素养的内涵与指向主要体现为以下四个方面:

一是劳动意识的评价维度。人类的劳动活动是有意识的,在活动之前就存在着一定的思考和安排。培养正确的劳动意识就是让学生具有正确的劳动动机和劳动态度。劳动动机体现为劳动者在劳动过程中所追求的目的,劳动态度体现为劳动者在劳动过程中的心理感受。学校通过劳动教育,使学生明确劳动动机、端正劳动态度,进而增强劳动意识。

二是劳动观念的评价维度。劳动可以锻炼人的吃苦精神,劳动会让人有坚定的意志。劳动观念是人们对劳动的看法和态度。新时代的劳动观念要以热爱劳动为荣、以好逸恶劳为耻,尊重努力劳动、贡献社会的不同阶层的劳动者。愿意以自己的体力和脑力劳动建设祖国、贡献社会、服务人民,树立正确的劳动观念,是提高学生劳动素养的基本要求。

三是劳动能力的评价维度。劳动能力是人们进行劳动工作的能力,包括体力劳动和脑力劳动两个方面,是体力劳动和脑力劳动的总和。劳动能力是让学生懂劳动、会劳动,是人们通过劳动创造价值的必要手段。

四是劳动成果的评价维度。劳动是人与社会、人与自然的互动过程,强调结果评价是在探讨人作为劳动主体对生活和工作的影响。劳动能使学生学会生活、学会生存、学会交往、学会发展,劳动使人身心健康,通过劳动实践活动培养学生热爱劳动的思想、吃苦耐劳的精神和对工作的责任心。

二、劳动素养的评价载体

劳动素养作为人的内在素质,具有充分的内生性、内在性、自主性特点,必须在外化形态下才能得到准确评价与衡量。构建科学合理的劳动素养评价体系,要重点在丰富评价载体上下功夫,给予劳动素养充分的外在表达空间与形式,既是加强劳动教育的必然要求,也是实现劳动素养科学评价的重要方面。依据高职学生管理的特点,结合劳动教育中对"服务""创造""躬行"等劳动价值的重点弘扬,劳动素养的评价载体与呈现形式,即评价体系建构中应涵盖以下四个方面:

一是日常劳动行为。劳动是人类社会各项活动的基本形态之一,劳动素养的生成、

---

① (苏)苏霍姆林斯基.关于全面发展教育的问题[M].王家驹等译.长沙:湖南教育出版社,1984.

塑造与展现都在日常行为中充分存在。高职学生学习、生活各个方面都与劳动意识、劳动观念、劳动能力有着千丝万缕的联系：学生在校内外各个公共场所中能否自觉维护环境卫生，充分尊重他人的劳动成果；在参与考试测验、学术研究和科研探索时，能否自觉诚实守信、遵纪守法，严格遵从学术规范，从劳动成果的角度更加深刻和自觉地维护学习学术秩序。劳动素养在日常行为上的表现还可以外化为服务他人、奉献集体的意识与行动。对高校学生来讲，积极参与学生社团组织、为集体举办的文体活动贡献力量，都是以个人劳动与付出服务他人的形式之一，在构建劳动素养评价体系中，应从劳动成果的维度予以适当体现。

二是志愿服务。志愿服务是劳动教育的重要载体之一，志愿服务的过程是学生实践能力、劳动精神、劳动素质全面锻炼与提升的过程。高职院校将劳动教育融入志愿服务中，让学生有意识、有目的地参与其中，在志愿服务过程中实践劳动精神、弘扬劳动精神。大量的学生志愿服务活动，能够培养学生勇于实践、无私奉献的勤劳奋进精神，增强学生的劳动意识和劳动素质。

三是实习实训。实习实训是高职院校课堂教学的巩固和提升，是学生将理论应用于实践的必要途径，是培养学生吃苦耐劳、知行合一、乐于奉献等优良品德及责任担当意识的重要基地。高职院校应结合自身专业特色，不断完善实习实训项目，为学生提供更多的劳动实践机会，加强校内外实习实训基地对学生劳动素养的引导与教育作用。一方面，深化校企合作，提升人才培养质量，通过校内外指导老师合力，学生在实习实训中树立热爱劳动、劳动光荣的意识；另一方面，学生能够在实际工作岗位的实践锻炼中，立足本职，强化学生的劳动意识和劳动能力，形成个人责任感和使命感，让学生深刻体悟劳动的价值与意义。

四是社会实践。社会实践活动提供了学生与社会的全方位体验与交流的真实场景，学生通过社会实践将知识转化为劳动成果，能够更加直观地感受到通过劳动实现目标、通过劳动创造价值的意义。同时，社会实践活动能够促进学生劳动能力的提高，塑造职业素养和道德品质，通过亲身实践理解劳动价值的内涵，形成尊重劳动、热爱劳动的真挚情感。

三、劳动素养评价结果的运用

构建劳动素养评价体系要充分借鉴和吸收综合素质评价的有益成果，真正做到评价设计科学合理，评价过程公开公正，评价结果导向正确、社会信服。劳动素养评价体系应当与当前高校普遍实行的学生综合素质评价体系相一致、相融合，把劳动素养纳入综合素质评价的"五育"目标之一，从加强劳动教育的视角，优化学生综合素质评价的各项指标设计，实现劳动教育在综合素质体系中的独立占比，提升劳动教育各项内容的重要性。因此，劳动素养评价的结果运用方面应当注重以下三个方面：

一是要探索劳动素养评价的独立表彰机制。劳动教育作为"五育"并举的重要指标之一,与德智体美相比,尚未建立起有效的表彰或惩戒机制。学生的思想状态、学习成绩、体格检测、文体评比等都有相对独立的考评办法和表彰机制,但对于"劳育"而言,探索劳动素养评价体系的目标之一,就是要在形成劳动素养评价的定量或定性结果基础上,对劳动素养优秀的学生予以表彰,对相对落后的学生进行促进,通过正面奖励和反向引导的方式,强化劳动教育的具体实施。因此,要从劳动素养评价体系的结果认定上,建立"劳育"表彰的物质性或荣誉性奖励机制,如设立"劳动光荣奖""劳动之星""劳动先进奖""劳动创造奖"等项目,并辅以适当的物质奖励,还可举办劳动技能大赛、劳动表彰大会等活动,扩大劳动素养的教育教学成果,巩固劳动教育的长期效应。

二是要建立劳动素养评价与学生综合素质测评融合机制。劳动教育是"德智体美劳"全面培养教育体系的重要组成部分,将劳动素养纳入学生综合素质评价体系中,能够充分发挥劳动教育的激励和导向功能。制定涵盖劳动观念、劳动意识、劳动能力的评价制度和评价标准,通过学生综合测评结果将劳动教育与学生评奖评优挂钩,能够促进学生增强劳动意识,更加注重自身劳动素质的培养。目前在学生综合素质评价体系中,劳动教育方面的体现不多,甚至缺失,这种情况亟待改变。劳动素养评价融入综合素质评价体系,要充分考虑劳动素养评价的四项维度,既要设计好劳动意识、劳动观念等非客观维度的测量方法,也要为劳动能力、劳动结果等适宜定量考察的指标进行合理赋值,从而达到充分肯定学生劳动素养的成长与进步的测评目的。

三是要建立劳动素养评价结果的长期记录机制。劳动素养评价体系要能够体现学生综合劳动素质,促进学生崇尚劳动、尊重劳动,让学生争做辛勤劳动、诚实劳动、创造性劳动的积极践行者。劳动素养评价为挖掘学生的专业能力潜质提供了基本素质保障,学生在专业知识的学习中发扬吃苦耐劳的精神,形成比学赶超、奋勇争先的浓厚学习氛围,更加有助于挖掘专业能力潜质,为未来成为本专业、本行业的卓越劳动者打下基础。建立劳动素养评价结果的长期记录,能够客观反映学生的成长过程,体现学生劳动能力、劳动态度的发展变化,这对其未来求职升学、择业就业、创新创业等方面都是有益的参考。学生个体的劳动素养评价结果是检验学生个人成长的重要记录,以建立劳动素养评价评分卡、记录表等方式综合反映学生的基本素质,为开展就业推荐、择业指导等提供背景材料和基础信息。另外,对学生劳动素养评价做群体性的长期记录分析,是检验和考察劳动教育成果、效率的重要方面。因此,要尝试通过网络化、系统化、平台化的方式采集学生劳动素养评价信息,构建科学合理的劳动素养评价体系,形成劳动素养评价结果的长期记录,推动劳动教育在高校的具体落实落地。

第四章　高校开设劳动教育课程基本要求

奋斗的青春最美丽！劳动是推动人类社会发展的根本力量，也是通向伟大梦想的阶梯。劳动创造物质财富，劳动中磨炼品质，更凝聚宝贵的精神财富。知行合一，立德树人，劳动是最好的教育途径。劳动不能仅仅喊口号，要靠实干出真知。大学生劳动教育必须和社会实践结合。同时也要校内各职能部门的密切配合，同频共鸣，统筹布局，分步实施，形成一个行之有效的育人机制。本章就是从实际运行入手，为大学生劳动教育提供可行的方案。

第一节　高校劳动教育课程的组织机构及工作职责

一、高校校级组织机构及工作职责

大学生基础劳动教育课既是一门思想品德教育和文明校园创建课程，又是一门改变师生行为习惯、学会做人做事的实践课程。要教育实践好这门课程，一定要有较强的策划力、组织力、执行力，才能达到劳动教育课的效果；否则，这门课就是一盘散沙，成为一门"放羊"式难有教育效果的课程。

为了有序和规范地实施劳动教育课，高校应成立"劳动教育课教学委员会"和教研室等机构，主要负责劳动教育课程的策划、指导、组织、实施、检查和管理等教学教务工作。

（一）劳动教育课教学委员会及工作职责

高校劳动教育课教学委员会设组长1名，一般由学校负责思想政治工作的党委书记担任；设副组长2名，一般由分管教学工作和分管学生工作的副校长（副书记）担任；设成员若干名，一般由教务处、学生工作处、后勤处、督察室和各二级学院的主要负责人组成。

劳动教育课教学委员会主要职责有：

（1）根据本校的实际，建立和完善劳动教育课各项规章制度。

（2）负责研讨劳动教育课有关教育教学重要政策规定。

（3）加强劳动教育课的思想政治工作，进一步明确实施劳动教育课的目的，端正劳动态度，教育广大学生积极参加劳动。

（4）及时解决劳动教育课学生反映的重要问题，督促劳动教育课取得最佳效果。

（5）努力探索、改革高校劳动教育课实施和管理模式，不断丰富劳动课内容，创新教育教学形式。

（二）劳动教育课教研室及工作职责

高校开设劳动教育课，是一门新增加的思想教育必修课，按照教学要求，应成立课程教研室，主要负责全校各专业劳动教育课程教学计划、组织实施、教研活动和日常管理等工作。

劳动教育课教研室接受教学委员会的直接领导，接受教务处的业务指导和督察管理工作。教研室应设主任一名，一般由学生工作部（处）长或后勤处处长担任；成员若干名，一般由各二级学院分管学生工作的副书记（或副院长）和学生教育科长或副科长组成，各二级学院具体组织实施劳动教育课的辅导员、班主任等参加。

劳动教育课教研室的主要职责如下：

（1）负责制订劳动教育课的教学计划、组织实施、检查考评、成绩录入、学分管理和奖惩等规章制度。

（2）加强劳动课的普遍教育，明确劳动目的，端正劳动态度，充分调动广大学生参加劳动的积极性。尤其要做好对少数学生耐心细致的思想政治教育工作。

（3）具体负责劳动教育课的计划组织、理论教学、技能培训、实践指导、考勤管理、检查督促、讲评反馈、问题整改和资料整理等工作。

（4）认真了解和掌握劳动教育课实施过程中反映出来的问题，做好家校联系沟通，及时解决问题。

（5）按照教务处的安排，结合劳动教育课存在的问题，开展教育教学经验交流、集体备课和研讨活动。

（6）不断探索创新大学生劳动教育课的方法和形式，丰富劳动课程内容等。

二、机关职能部门工作职责

劳动教育课作为一门思想政治教育必修课，按照教学规定和组织实施劳动教育课的实际，以下职能部门具有分工负责的工作职责。

（一）教务部门工作职责

（1）负责指导协调各二级学院按照新时代党和国家的教育方针，即"培养德、智、体、美、劳全面发展的社会主义劳动者和接班人"培养目标，修订各专业人才培养方案，审核批准专业人才培养方案。

（2）负责指导劳动教育课教研室，根据学校教学规定和劳动课的计划安排，组织劳动教育课程日常教学管理工作，规范课程教学流程、检查督促教学与实践效果，及时整改存在的问题。

（3）负责每学期期初、期中、期末进行3次大检查，不断规范课程体系制度，完善课程教学存档资料，提高课程教育教学质量，努力使劳动课教育教学更加制度化、规范化。

（4）负责劳动教育课学生个人课程成绩、学分管理，指导课程补考、重修等工作。

（5）负责指导劳动教育课教研室做好劳动教育课程的教学改革，不断探索创新劳动教育课的教学和实践内容、形式和方法。

（二）学工部门工作职责

1. 领导劳动教育课教研室

根据教务部门有关课程教学规定和劳动教育课的实际，不断修订和完善符合劳动教育课实际的课程体系，科学制订年度劳动教育课教学实践计划，并指导实施，健全劳动教育课规章制度，使劳动教育课更加制度化、规范化。

2. 加强劳动教育课宣传教育

加强对广大学生劳动教育课的宣传教育工作，组织实施新时代党和国家教育方针的教育，充分认识高校开设劳动教育课的重要性和必要性，明确课程建设目的，端正劳动态度，努力营造劳动教育课的教育宣传氛围。

3. 协调院（系）课程安排、具体实施

负责指导协调院（系）做好劳动教育课的组织实施、检查督促、问题整改等工作，主动协调各职能部门劳动教育课教育教学，特别是实践课有关工作，及时协助解决劳动教育课的有关问题。

4. 指导院（系）和辅导员工作

及时了解掌握学生对劳动教育课的思想反馈，树立和宣传吃苦耐劳表现突出的典型，耐心细致地做好个别学生的思想政治教育工作，广泛调动大家参与劳动教育课的积极性、主动性。

5. 指导资料归档工作

指导劳动教育课教研室按照课程建设的要求，收集、整理、归档，规范地做好劳动教育课的存档资料。做好每学年教育教学工作总结，开展好各项教研活动。

6. 组织做好劳动教育课程的探索与创新

在开展组织实施劳动教育课过程中，应及时收集劳动教育课程教学过程中出现的新情况、新问题，及时组织分析研讨对策，不断探索新时代大学生基础劳动教育课新形式、丰富新内容、取得新效果。

（三）后勤部门工作职责

1. 提出符合实际的劳动标准

后勤部门作为文明校园创建的重要职能部门，应根据校园文明卫生、环境绿化等要求和广大学生的实际，提出校园基础劳动的有关标准，如教室、实验实训室、大厅、走廊、厕所等室内的地面、墙面、桌面、门窗面、玻璃面和天花板的清扫干净的标准；提出广场、道路、运动场、篮球场、人行道、绿化带（地）等室外清扫、清捡干净的标准；使学校劳动教育课的组织实施者对照标准提出要求，更加有的放矢。

2. 组织劳动技能和方法培训

后勤总务部门应定期对学生骨干进行劳动技能和方法的培训，进行正确的劳动姿势培训，使其掌握好各种劳动工具的使用方法，学会爱护劳动工具。让其熟练地掌握劳动技能和劳动工具，包括现代智能劳动工具的使用方法和技能，从而极大地提高劳动教育课的质量和效果。

3. 协助做好劳动课日常检查

后勤总务部门和学校督察部门共同履行劳动教育课日常实施情况的检查指导工作，及时巡查发现校园各区域劳动教育课存在的各种问题，并提出整改意见，协助抓紧抓好整改落实工作，提升劳动教育课的日常教学工作质量。

4. 参与统一组织的劳动督查

一般情况下，学校每周要组织一次全面、彻底的劳动教育课检查，按照统一组织和分工负责相结合的检查方式，认真详细检查，发现问题及时汇报并提出整改意见，落实好自己的检查责任。

5. 做好劳动教育课工具保障

根据劳动教育课参加学生数所需要劳动工具和劳动工具正常损坏情况，及时按程序申请、审批、购买和补充，切实保障好劳动教育课所需要的劳动工具。

三、二级学院工作职责

高校的院（系）是大学生劳动教育课程的直接领导者和组织者，负有重要的课程教育教学和实践责任。高校教师和辅导员是大学生思想政治工作教育管理者和组织者，对大学生基础劳动教育课程负有直接和具体组织落实的责任。

（一）院（系）职责

1. 纳入人才培养方案

根据学校劳动教育课教学委员会和教务处有关课程教育教学要求，纳入重要的议事日程，制（修）订各专业人才培养方案，报教务处审批后执行。

2. 制（修）订规章制度

制（修）订劳动教育课教育教学有关规定制度和教学计划，完善人才培养方案和教学计划的具体规定与措施，认真落实劳动教育课的教学制度、计划和奖惩规定。

3. 明确领导分工

明确院（系）领导对劳动课教育教学的组织实施和分工负责，加强各班级劳动课的督促检查，及时发现问题并进行整改，不断提高劳动教育课的教学实践效果和质量。

4. 做好宣传工作

要做好劳动教育课的普遍宣传教育工作，按照课程要求上好劳动教育理论课，增强劳动意识，端正劳动态度，重视发现劳动实践过程中的好人好事，做好学生的思想宣传教育工作。

5. 完善课程档案资料

按照课程教学管理规定，及时收集劳动教育课的各种教学资料，做好考勤和教学登记，规范整理，完善归档。及时录入学生的课程成绩，做好补考、重修工作。

6. 做好课程改革创新

不断进行劳动教育课的理论教学与实践改革，不断探索新时代在高等院校开设劳动教育课程的途径与方法，尤其是与专业建设相结合的劳动教育，不断增强劳动教育教学的教育效果，努力实现人才培养目标。

（二）教师或辅导员职责

1. 制订详细计划并分工负责

根据学校教务部门和学工部门关于开展大学生基础劳动教育课程的要求，对照各自参加劳动教育课的班级及人数，制订详细的劳动课计划，分成区域劳动小组，指定小组长，做好分工负责。组织班委会议和班会，明确有关规定，提出落实好劳动教育课的具体措施和要求。

2. 重视教育，统一思想

教师或辅导员根据学工部门和劳动教育课教研室的布置和要求，组织好4个课时的劳动教育理论课的备课，充分准备，编写好教案，并认真组织教学，做好劳动教育理论课教学登记、考勤登记、过程登记、效果评价登记，形成完整的理论教学资料。

3. 遵守制度，落实规定

负责劳动教育课组织实施的辅导员，应坚持劳动教育课课程标准和制度，做好每天早上集合考勤登记和管理工作，做好每天劳动实践课结束后的小结评讲，加强对劳动课实践过程中问题的自查整改工作，重视对劳动教育课实践过程中的好人好事的宣传和氛围营造工作，做好劳动课教育教学总结。

4. 交流经验，树立典型

教师或辅导员在劳动教育实践中，注重收集树立在劳动中不怕苦、不怕累、不怕脏、吃苦耐劳的典型，组织撰写心得体会和交流经验。注意利用实践过程，发现考察班团干部，给予评先评优，培养入党积极分子和发展党员。

5. 耐心细致，做好工作

加强思想教育工作，对少数认识不到位、态度不端正、出工不出力，甚至找借口请假躲避劳动等学生，要及时沟通，做好耐心细致的思想教育工作。对个别我行我素、屡教不改、无特殊原因不参加劳动的学生，除给予补考、重修外，还应对其严肃批评、教育，情节严重的要给予纪律处分。

6. 加强自查，提高效率

校园劳动，由于点多、面广、线长，应科学组织，合理分配和分工。要组建一支 5~8 人的督察小组，由辅导员担任组长，全体成员均应熟悉校园环境和有较强管理能力，通过劳动中反复巡查，发现问题当场整改，从而提高劳动课的质量和效率。

7. 收整资料，分类存档

教师或辅导员要根据学校有关课程教学管理规定和要求，认真完整地收集课程计划备课教案、成绩登录和分析表、考勤表及课程教学实践总结等，填写整理好教学情况登记表，由教研室存档保管。

第二节 基础劳动教育课程的基本要求和课程内容

一、劳动教育课程概述

（一）课程性质

劳动教育是国民教育体系的重要内容，是学生成长的必要途径，具有树德、增智、强体、育美的综合育人价值。实施劳动教育重点是在系统的文化知识学习之外，有目的、有计划地组织学生参加日常生活劳动、生产劳动和服务性劳动，让学生动手实践、出力流汗，接受锻炼、磨炼意志，培养学生正确劳动价值观和良好劳动品质。

（二）课程目标

通过劳动教育，学生能够理解和形成马克思主义劳动观，牢固树立劳动最光荣、劳动最崇高、劳动最伟大、劳动最美丽的观念；体会劳动创造美好生活，体认劳动不分贵贱,热爱劳动,尊重普通劳动者,培养勤俭、奋斗、创新、奉献的劳动精神;具备满足生存发展需要的基本劳动能力,形成良好的劳动习惯。

(三)课程学时

普通高等学校要明确劳动教育主要依托课程,其中本科阶段不少于32个学时。除劳动教育必修课程外,其他课程结合学科、专业特点,有机融入劳动教育内容。每学年要设立劳动周,可在学年内或寒暑假期间自主安排,以集体劳动为主;也可安排劳动月,集中落实各学年劳动周要求。

根据需要编写劳动实践指导手册,明确教学目标、活动设计、工具使用、考核评价、安全保护等劳动教育要求。

(四)课程学分

劳动教育课总课时计2个学分。学生个人修满课时、达到理论考试和实践考核标准,并且劳动态度端正、遵守劳动纪律、劳动效果明显,结合个人平时行为习惯评定课程成绩,60分及以上为及格,未达到60分者应重新修读,学生所获学分、成绩记入个人档案。

(五)内容要求

根据课程教育目标,主要以日常生活劳动、生产劳动和服务性劳动为主要内容开展劳动教育。结合产业新业态、劳动新形态,注重选择新型服务性的劳动内容。

高等学校要注重围绕创新创业,结合学科和专业积极开展实习实训、专业服务、社会实践、勤工助学等,重视新知识、新技术、新工艺、新方法的应用,创造性地解决实际问题,使学生增强诚实劳动意识,积累职业经验,提升就业创业能力,树立正确择业观,培养到艰苦地区和行业工作的奋斗精神,懂得空谈误国、实干兴邦的深刻道理;注重培育公共服务意识,使学生具有面对重大疫情、灾害等危机主动作为的奉献精神。

二、劳动理论教学内容和基本要求

(一)开设劳动教育课的意义

劳动和劳动教育之于当代大学生教育具有本体意义和价值。劳动教育可以增智、树德、强体、育美。劳动教育既是教育问题,更是关乎培养和造就担当民族复兴大任的时代新人的问题。实施劳动教育必须把握育人导向、遵循教育规律、体现时代特征、强化综合实施、坚持因地制宜,实现劳育与智育、德育、体育、美育完美融合,构建具有新时代中国特色的高水平人才培养体系。

劳动教育是中国特色社会主义教育制度的重要内容，直接决定社会主义建设者和接班人的劳动精神风貌、劳动价值取向和劳动技能水平，同时又是教育发展的内在需求，是社会主义教育的重要特色和优势。长期以来，各地区和学校坚持教育与生产劳动相结合，在实践育人方面取得了一定成效。同时也要看到，近年来一些青少年中出现了不珍惜劳动成果、不想劳动、不会劳动的现象，劳动的独特育人价值在一定程度上被忽视了，劳动教育正被淡化、弱化。因此，全社会都必须高度重视，采取有效措施切实加强劳动教育。劳动教育既能引导学生热爱和尊重劳动，弘扬劳动精神，又是开展教育工作的重要保障和必然选择。具体表现为：

1. 劳动教育是遵循马克思主义教育思想的必然要求

对照人类社会的发展史，无论人类解放和自身发展，还是获得财富都离不开劳动，幸福也需要通过劳动去创造。马克思提出了生产劳动与教育相结合的劳动教育思想，并确定为办好社会主义教育的一条重要原则；不同于普通的教育思想，他从唯物主义角度阐述了系统全面的劳动教育思想，把劳动教育提升到普遍规律的高度之上，强调人的解放需要开展劳动教育，从根本上明确教育应当"为人、对人、靠人"。劳动有助于人们获得生产生活经验，增强个人奋斗的主动性。

2. 劳动教育是立德树人的重要途径

立德树人既是教育的根本任务，也是检验教育成效的根本标准。立德树人的目的在于培养"德、智、体、美、劳"全面发展、合格的社会主义建设者和可靠的接班人，劳动教育则是实现立德树人目标的一个重要过程和重要方面。首先，劳动教育丰富了教育工作的内涵，促使学生端正劳动态度并树立正确的劳动观念，能够培养学生对于劳动和劳动人民的思想感情，逐步养成热爱劳动、善于劳动以及勤于劳动的素质。其次，劳动教育和道德教育紧密联系，劳动教育也是加强德育的过程。因此，道德教育与劳动教育相结合也是德育的一种方法。国家历来注重劳动教育的重要作用和实际意义，将劳动视为形成良好道德品质的重要途径，"德之根在心，人之本在劳"，二者结合就是立德树人的根本。

3. 劳动教育的实际作用和现实需要

马克思高度肯定了劳动对于创造人和创造历史的重要意义。因此，劳动教育是劳动和教育的有效结合，一方面发挥了劳动的实践效用，通过利用和总结实践经验实现了理论和实践相结合、知行合一，人们得以在实践中学习、在学习中实践；另一方面发挥了教育的效用，增进了学生对于劳动生产知识和技术的认识与理解，提高了学生的劳动实践能力以及分析和解决问题的水平。因此，劳动教育与德育、智育、体育、美育密不可分，有助于完善教育工作，培养"德、智、体、美、劳"全面发展的人才。"以劳动托起中国梦"是习近平对于历史和现实的清晰判断，只有加强劳动教育才能培养出一大批勤于劳动和善于劳动的人才，才能符合新时代教育发展的根本要求，也是实现个人梦想和国家梦想的一个重要选择。

在现实生活中，由于社会物质生活的丰富和家庭教育的方法有失偏颇，孩子应该做的事情都由家长包办了，致使一些孩子在家对力所能及的事情都不肯去做，过着衣来伸手、饭来张口的"小皇帝"生活。部分大学生连起码的洗衣、扫地、整理物品、料理个人的日常生活小事都不会做。贯彻落实党和国家的教育方针，把"劳"作为培养目标之一，是当前社会现实的需要，更是年轻一代为实现中华民族伟大复兴中国梦的需要。

（二）劳动观、奋斗观、幸福观主题教育

1. 劳动的价值

劳动观是人们对劳动的根本看法和态度，是人们世界观和人生观的重要组成部分。劳动是创造物质世界和人类历史的根本动力，劳动、劳动者神圣光荣；劳动是一切社会财富的源泉，按劳分配是合乎正义的分配原则，不劳而获、少劳多得可耻不义；劳动具有教育性价值，教育与生产劳动相结合，不仅体现出社会主义教育的本质，而且热爱劳动、积极参加劳动，才能实现个人的健康成长。不爱劳动、不愿劳动，过寄生虫生活，会阻碍个人的全面发展，实现不了人生价值。

2. 用劳动奋斗出幸福新时代

劳动是推动人类社会发展的根本力量，也是通向伟大梦想的进步阶梯。幸福是奋斗出来的。世界上没有坐享其成的好事，天上不会掉馅饼，努力奋斗才能梦想成真。对家庭而言，没有劳动就没有物质财富的积累，就没有生活条件的改善；对个人来说，劳动不仅筑牢了成功的坚实底座，也凝结成宝贵的精神财富。新时代的劳动者，只要肯学、肯干、肯钻研，练就一身真本领，掌握一手好技术，就能找到人生出彩的舞台，在劳动中发现广阔的天地，在劳动中体现价值、展现风采、感受快乐。

（三）理论教学的基本要求

1. 明确目的

应明确劳动教育的教学目的，通过理论教学，提高学生对劳动教育课的认识，增强劳动意识，掌握基本的劳动知识，明确劳动教育的目的意义、劳动教育的组织形式和方法等。

2. 充分准备

劳动教育理论教学教师要提前做好调查研究，收集有关资料，结合学生缺乏的和实际需要的，认真准备教案，做好教学课件，使用多媒体教学，提高课堂教学效果。

3. 讲究方法

重视劳动教育课程教学改革，应采取研究讨论式、启发互动式教学方法，必要时可以把课堂搬到现场去，贴近实际进行理论教学，增强课堂互动性，活跃课堂氛围。

（四）理论教学的基本内容

组织开展国家相关法律、劳动知识、劳动安全、劳动纪律等方面的教育，学习劳动模范人物的先进事迹，讲解学期劳动计划与安排等内容。通过组织动员教育，树立劳动最光荣、劳动最崇高、劳动最伟大、劳动最美丽的劳动观念，引导学生热爱劳动、尊重劳动、珍惜劳动成果，自觉遵守劳动安全法规。

三、劳动实践教育课程内容与要求

高校劳动教育课程应以劳动品德教育为基础，涵盖劳动概论、劳动方法、社会分工、劳动合作等内容。要注重系统化，在劳动教育必修课的基础上，将劳动教育渗透到专业教育、思想政治理论课、大学生就业辅导课程、社会实践教育和校园文化建设中，从道德、法律、就业等多方面，全方位开展新时代大学生劳动教育。

（一）校内劳动实践教育课程内容与要求

1. 校内劳动实践教育课程内容

高校要组织开展丰富多彩的校内劳动。丰富多彩的校内劳动是激发学生劳动兴趣和热情的有效方式，是对劳动教育必修课的重要补充和展延。相对于劳动理论教育而言，校内活动具有良好的参与性和体验性，能够促进学生将劳动知识和劳动实践相结合，学以致用、知行合一。在学校日常教育教学中，劳动教育要与学生的校园活动紧密结合起来。比如，积极组织开展劳动技能及劳动知识竞赛，使学生自觉积累劳动知识，引领学生将劳动理论知识灵活运用于校园劳动。结合劳动教育的目标及办学条件，组织开展"青少年劳动周"等活动，壮大学校劳动教育型社团，探索建立微型"校园农场"，以年级、班级为单位，采取学生轮值轮岗种植栽培农作物、绿植花卉等方式，增强学生的劳动责任意识。同时可以开办以室内设计、勤工俭学、废物再造、器材维修等内容为主题的兴趣小组，增强学生的自主劳动意识和能力。另外，也可以由班主任、辅导员或学生干事指导学生结合校园生活和社会服务组织开展劳动实践，如校园环境卫生清洁、学雷锋活动、校内公益劳动、服务校级或学院（部）级大型活动（迎接新生活动、校园招聘会、校内学术会议、校内展览会、运动会、公共设施维护、校内防台风及台风后救灾等）。

2. 校内劳动的主要区域

在高校校园内，总体来说有如下主要区域，而这些区域内的清扫卫生、整理物品、优化环境等工作，一般可以安排学生的基础劳动教育与实践课、师生的义务劳动、校园文明创建或者志愿者活动完成。

（1）教学楼。教学楼主要包括楼内各教室和走廊、楼梯、露台、休闲场所、公共卫生间及周边等区域。

（2）实训楼。实训楼主要包括楼内各实验实训室、走廊、楼梯、露台、休闲场所、公共卫生间及周边等区域。

（3）活动中心和图书馆。活动中心和图书馆主要包括活动中心和图书馆各活动室、藏书室、阅览室、走廊、礼堂、露台、报告厅、休闲场所、公共卫生间，各类办公室、资料室及周边等区域。

（4）师生公寓。师生公寓主要包括公寓各楼内走廊、楼梯、露台、值班室、休闲场所、庭院内及周边等区域。

（5）道路、广场。道路主要包括校内各机动车主、次干道、人行道和小道等。广场主要有集会广场、休闲广场、运动场、停车场、各种球类场馆等区域。

（6）食堂、车库。食堂、车库主要包括校园内所有食堂和餐厅，地下人防设施和地下停车库及周边等区域。

（7）校内绿化地、生态园等。校内绿化地、生态园等主要包括校园内各区域的绿化地、绿化林、校园湖（池）、果树园、生态园及校园周边等绿化区域。

（8）校园其他有关区域等。

3.校内劳动要达到的环境卫生效果

（1）室内区域：保持过道、台阶、地面等干净，无积水、无烟头、无各种垃圾；桌面、墙面、天花板、窗户、玻璃和门面保持清洁卫生，无乱张贴张挂，无灰尘和蜘蛛网等。

（2）室外区域：无树叶、烟头等垃圾和杂物堆积，保持室外公共卫生环境干净、整洁。

（二）校外劳动实践教育课程内容与要求

高校要创新校外劳动实践教育。社会是劳动教育的重要主体，社会教育包含着丰富的劳动教育资源，是多元主体协同参与、动态创新的劳动教育组织形式。校外劳动教育要重点开发社会劳动实践教育资源，开辟校外劳动实践教育基地。要结合学生不同阶段的学习需求和成长需求，科学设计和规划校外劳动实践教育方案，采取大学生社会公益服务劳动、研学旅行、顶岗实习等方式，引导学生在多产业融合进程中积极学工学农，在农业生产、工业制造、基层服务等社会生产环节增长劳动技能、磨炼劳动本领与意志。也可用智力劳动帮助校外企事业单位、机关团体、社区等完成产生价值的活动或项目，如分析、统计、调研、设计、决策、组织、运筹等。

此外，学校要重视布置和设计校外劳动作业，采取日常打卡、家长反馈及学生自评、校评的方式，鼓励学生在课余时间主动承担起家庭劳动责任和义务。大学校外劳动任务要对大学生承担家庭经济责任提供有效建议，使劳动教育与学生的生存和发展能力培养结合起来。

（三）劳动实践课安全注意事项

（1）负责打扫学校大门口的学生，在打扫时应小心过往车辆，注意及时躲避。

（2）负责打扫楼前楼后的学生应小心楼上落下东西，防止被砸伤。

（3）负责打扫各专用教室、实验实训室的学生，别乱动不认识的东西，防止出现一些不必要的损伤。

（4）负责擦门的学生应注意把门上锁，防止在门后打扫时，有人突然推门造成受伤。

（5）负责擦玻璃的学生应该注意防止从窗台上摔下来。

（6）负责擦灯管、电扇、挂画的同学除注意防止摔伤外，还要小心触电，开灯时绝不能擦灯管。

（7）负责打扫台阶的学生注意防止踩空、摔伤。

（8）负责清理垃圾道的同学应注意垃圾道上的一些碎玻璃、石头等，防止对自己造成伤害。

（9）打扫过程中杜绝玩耍打闹，防止误碰其他同学，致使自己和他人受伤。

（10）打扫过程中应留意过往行人，以免对他人造成伤害。清理垃圾道的同学使用铁锹时，注意别误碰伤他人，负责楼上打扫的同学忌高空抛物。

（四）对劳动实践教育课程管理者的要求

（1）学校应成立劳动教育课程领导小组，主要负责专业人才培养方案的修订，制定劳动教育课程有关教育教学、组织实施、检查考评、成绩管理、学分登录和奖惩等规章制度，督促劳动教育课程取得好的教学效果。

（2）劳动课教研室主要负责专业人才培养方案的完善，负责劳动教育课的教学与管理实施，劳动教育课情况考核汇总，个人成绩评定与录入，根据学生劳动教育课成绩情况确定补考、重修和是否发放毕业证书等。

（3）二级学院应成立以院长助理为组长和有关辅导员、教学秘书等为成员的劳动教育课实施工作小组，各班级应成立以班长、团支部书记为负责人的劳动教育课程组织管理和考评小组，根据校园劳动区域范围，划分成若干个劳动小组和一个考评小组，把班级学生劳动教育课落到实处。二级学院和班级主要负责劳动教育课的理论教学、具体组织实施、过程管理、考评奖惩、问题整改、学分登录和学生劳动教育课程中的思想教育等工作。

（五）对学生的要求

参与劳动课的学生要认真上好劳动理论课，参加有关培训，掌握必要的劳动知识和技能以及有关安全注意事项；熟悉劳动的项目、范围、劳动标准和目标要求；劳动过程中，劳动态度要端正，不怕苦，不怕累，按时上下岗，不得迟到、早退、串岗和旷工；服从安排，听从指挥，积极主动完成工作，不消极怠工，完成规定的课时和学分；在劳动期间，要爱惜劳动工具和学校设施，节约用水。

总之，学校劳动实践教育是一项系统工程，学校要高度重视劳动实践教育课程体系的建设，使学生的奋斗热情在劳动与创新中迸发，为时代进步积蓄青春力量。

四、高校基础劳动教育的发展趋势

中国特色社会主义已经进入新时代，将赋予劳动教育新内涵，劳动工具也会与时俱进地得到发展，人工智能等高科技将得到应用。新时代高校将大力弘扬劳动精神，教育引导学生崇尚劳动、尊重劳动，懂得劳动最光荣、劳动最崇高、劳动最伟大、劳动最美丽的道理，引导学生辛勤劳动、诚实劳动、创造性劳动。学校努力构建德智体美劳全面培养的教育体系，形成高水平人才培养体系。

（一）新时代赋予劳动教育新内涵

新时代劳动教育的内涵总体来讲可以概括为以下五个方面：

（1）在地位上，劳动教育应该是人才培养体系的重要组成部分。

（2）在内容上，新时代的劳动教育有新的拓展：劳动的内容越来越丰富，形式越来越富于变化；劳动者的流动性越来越强，总体上劳动在朝着"劳动者体力支出越来越少，智力支出越来越多"[1]的方向发展；劳动主体的作用越来越突出，人才的重要性越来越明显；劳动作为谋生手段的同时，也出现了"乐生性"的特点——一种愉快幸福的劳动，而不再都是痛苦的、消耗体力的劳动。

（3）在形态上，劳动教育是劳动的思想教育、技能培育、实践锻炼，劳动要从思想上、观念上解决问题，再掌握技能，最后运用于实践，这样才能解决"不珍惜劳动成果、不会劳动、不爱劳动"等问题。

（4）在目标上，劳动教育以提高学生的劳动素养为重点。特别是在大学阶段，劳动教育不能让学生仅限于会做家务、会做一点农活，新时代的大学生需要培养全面的素养，即劳动教育的五个"目标"：劳动价值观、劳动情感态度、劳动品德、劳动习惯、劳动知识与技能。学生具备了这些品质，其劳动素养就提高到了较高的水平，就达到了要求。

---

[1] 余斌主编. 马克思、恩格斯、列宁、斯大林论政治经济学[M]. 北京：中国社会科学出版社，2013.

(5) 在目的倾向上，新时代的劳动教育应该追求内在价值和外在价值的统一。过去的教育在培养人的过程中，多强调成才，而强调如何做人的方面不够。一个人在成才的同时也要学会做人，还要有内在的东西——"德"。新时代人的内在修养需要达到一定的标准，劳动会在过程中对人格产生塑造作用。

（二）基础劳动工具将智能化

随着科学技术和人工智能的发展，为了降低人工成本和提高劳动效率，未来基础劳动工具将出现更多智能型清洁设备和环卫设备，如电动扫地车、洗地机、电动尘推、高压清洗机、三轮冲洗车等。同时，劳动方式也会随之发生变化，传统的机械性劳动，将被自动化机器、智能机器人取代。

1. 电动扫地车

大学校园占地面积大，师生多，产生的垃圾也多；绿化好，秋冬季节或者树叶更换新叶的时候常常有很多树叶枯枝落下，这个时候就需要扫地车进行清扫，依靠人工清扫费时费力。电动扫地车非常契合环保的理念，是一种必不可少的清洁神器。

2. 洗地机、电动尘推车

学校食堂、体育馆等室内地面的清洁比对室外的要求更加严格，可以使用洗地机、电动尘推车，让地面达到一尘不染的效果。

3. 高压清洗机、三轮冲洗车

高压清洗机是一款非常高效率和高效果的清洁工具，其利用水射流技术能够将一些难以清理的污渍轻松地去除。三轮冲洗车是在高压清洗机的原理上进行了升级改造，将其变成了一款行走的高压冲洗车，将作业范围扩大，应用范围延伸，在校园中多用于路面的冲洗。

（三）新时代高校劳动教育的实施路径

劳动教育是中国特色社会主义教育体系的重要组成部分，是实现立德树人根本任务的重要抓手，关键在于把握规律、体现时代性、富于创造性，科学谋划、优化协调、扎实推进。因此，在中国特色社会主义新时代，加强大学生劳动教育，必须把握育人导向，坚持党的领导、围绕培养担当民族复兴大任的时代新人进行劳动教育；必须遵循规律，针对各年龄段的学生特点，以体力劳动为主进行劳动教育；必须体现时代特征，适应科技发展和产业变革，针对劳动新形态，注重新兴科技支撑和社会服务新变化进行劳动教育；必须强化综合实施，加强政府统筹、拓展劳动教育途径，整合各方面资源进行劳动教育；必须因地制宜，结合自然、经济、文化等条件进行劳动教育。

1. 推进劳动教育与思想政治教育相结合

在"三全育人"中实现劳动教育与思想政治教育相协调、相衔接、相一致，特别要用好思想政治理论课教学这个主渠道、主阵地，让马克思主义劳动观，特别是习近平新时代中国特色社会主义劳动思想进课堂、进头脑、进心灵，通过铸魂而育人；在课堂教学中，注意讲劳模、劳模讲，即思想政治理论课教师在学理层面深度研究和阐释新时代劳模精神，聘请劳动模范进课堂讲劳动、讲劳模精神，让受教育者走近（进）劳动、劳模、劳模精神，从而对劳动、劳模、劳模精神产生敬爱。

2. 推进劳动教育与专业教育相结合

严格地讲，劳动教育与专业教育在过程和目标上都具有内在统一性。在专业课程中自觉强化劳动导向，自觉融入劳动要素，构建具有本专业特色的劳动教育价值体系。同时，注意加强专业教育中对劳动知识的传授和劳动技能训练，培养劳动精神、劳模精神、工匠精神。

3. 推进劳动教育与实习培训教育相结合

在学校教育中，要注意统筹校内和校外、课堂和实践两种教学方式、教学环节，引导学生在实习、实训、考察、调研中，走进劳动生产一线，走进企业、社区、乡村，同广大普通劳动者交流、交心，加深与劳动人民之间的感情，拓展劳动知识，提升劳动技能，养成劳动自觉，干一行、爱一行、钻一行，在平凡的劳动岗位上做出不平凡的事业，从而为走入社会做好职业（思想）准备。

4. 推进劳动教育与创业教育相结合

习近平同志反复强调诚实劳动、创造性劳动，这既充分体现了新时代对劳动者的新要求，也是劳动教育、劳动精神培养需要追求的重要目标。创业创新教育具有创新性、创造性、探索性，必须加强体制机制建设，完善"双创"教育体系，拓展"双创"教育空间，为大学生提供更加灵活的参与"双创"的机会和平台。

5. 推进劳动教育与志愿服务相结合

在社会实践和志愿服务中融入劳动教育，有助于形成良好劳动习惯，感受劳动乐趣，享受劳动成果，这是劳动教育的最高境界。通过工学结合、勤工助学、劳动体验等途径，积极引导受教育者自觉自愿参与社会服务，培养劳动情怀、劳动意识和奉献精神。通过劳动教育，引导大学生崇尚劳动、尊重劳动，懂得"劳动最光荣、劳动最崇高、劳动最伟大、劳动最美丽"的深刻道理，长大后能够辛勤劳动、诚实劳动、创造性劳动。

在具体实施时可以简要概括为"1＋8"模式。其中，"1"就是在大学里开一门必修课，可以叫"劳动科学概论"，也可以叫"劳动概论"，主要包括劳动法律、劳动关系、劳动经济、劳动社会保障和劳动安全的相关内容。目前在我国台湾地区，有部分高校已经这么做了，很多大学都开设了"劳动导论"，还开设两门到三门的劳动教育通识课。"8"就是与八个方面的结合，包括与思想政治教育、社会实践和志愿服务、创新创业、职业生涯与就业指导等方面的结合。其中，就业指导与校园文化其实有着密切关系，如果校园里出现崇尚劳动的气氛，那将是一种很好的劳动教育。劳动模范进校园，就是为了让劳动文化能够浓郁起来。

也可以把劳动教育的"1+8"概括为"四位一体",即课程劳育、思政劳育、专业劳育和实践劳育。课程劳育是专门开设一门关于劳动教育的课程。思政劳育就是把劳动教育融入思想政治教育中。专业劳育就是把劳动教育融入各门专业课中。例如,新闻专业的学生,在接受新闻相关知识、学习操作摄像机、了解如何编辑视频的过程,实际上就是接受劳动教育的过程。实践劳育是让学生在实践中推动劳动教育,高校鼓励学生到田间、地头、车间等去实地考察,这对学生的影响会非常深刻。

第五章　新时代高校劳动教育的分层实施

我国高等教育肩负着培养德智体美劳全面发展的社会主义建设者和接班人的重大任务，办好劳动教育，提升大学生劳动综合素质，关键在高校。为有效开展新时代高校劳动教育，高校应协调统一内部的各方力量，构建一个由顶层设计到具体实施的相互衔接、相互配合的劳动教育工作体系，确保学校层面的组织领导职责到各院系的具体实施职责，从高校劳动教育教师的指导职责到高校学生学习职责的逐步履行。

第一节　学校层面的组织职责

高校是劳动教育的主阵地，在劳动教育开展中处于主导地位，承担着重要的组织职责。劳动教育在学校中的实施和开展，首先需要从学校党委、行政和主管部门层面进行顶层设计和系统规划，以保障劳动教育的顺利实施。学校层面的组织职责需要强化党委、行政和主管部门两方面的主体责任，在党委的统一领导下，由教务处、学生处、团委或其他主管机构统筹组织全校劳动教育的实施。在劳动教育开展前，学校层面应制订一套整体规划，为劳动教育的实施指引方向；在劳动教育实施过程中，学校层面应完善组织、课程、安全、评价等运行机制，促进劳动教育的顺利开展；此外，为保证劳动教育的可持续发展，学校层面还应加强劳动教育的人、财、物等条件保障，并且调动各方资源和力量为劳动教育的长效运行提供支持。

一、制订整体规划

学校是劳动教育的实施主体，各大高校应认真贯彻落实中央出台的有关劳动教育的政策文件，以促进学生全面发展为目标，对劳动教育进行整体设计、系统规划。

（一）制订总体实施方案

学校要根据国家相关规定，结合当地和高校的实际情况，形成高校劳动教育总体实施方案。在维度划分上，方案要明确高校劳动教育的理念、目标、内容、课程安排、劳动实践活动安排、劳动教育过程的组织与管理以及考核评价方式等内容。在阶段划分上，高校劳动教育的整体规划要基于学生的年段特征和阶段性教育要求，研究制订学校各年级学年（或学期）劳动教育计划，并且对学年、学期劳动教育实践活动做出具体安排，特别是要围绕创新创业，结合学科专业来规划好劳动月、劳动周等集体活动，进一步细化国家的有关要求，使总体方案的维度和阶段两方面内容相互衔接、相互配合，形成全面实施劳动教育的可持续方案。

（二）构建长效运行机制

在实施方案的基础上，学校从运行机制的完善、条件保障的加强、共育体系的构建等方面，积极构建能够保障劳动教育开展的长效机制，改变临时性、随意性等非连续性的劳动教育模式，科学制订实施劳动教育的指导意见，让劳动教育真正融入高校教育教学的全过程，为具体实施劳动教育提供科学的方向引领，全力推进新时代高校劳动教育的实施和开展。

（三）明确劳动教育重点

值得注意的是，高校在制订劳动教育规划时要着重处理好理论学习与实践锻炼的关系。劳动教育是高校人才培养体系中的一部分，理论学习与实践锻炼都是高校劳动教育必不可缺的内容。理论学习重在让学生掌握劳动科学知识，深刻理解马克思主义劳动观和社会主义劳动的关系，树立正确的择业就业创业观，为行动提供正确的指引。实践锻炼重在培养将所学的知识、方法运用于实际的能力，从个人的生活劳动习惯，到集体居住的环境保持，再到与学科知识相关的生产劳动，或者是投身公益性的义工志愿者服务等方面，都需要实践操作。因此，高校在规划劳动教育时，要做到二者兼顾，不仅要注重劳动教育的价值引领，帮助学生掌握相应的劳动知识、树立正确的劳动观念、全面提升劳动素养，还要保证每个学生都有必要的劳动实践经历。高校劳动教育不能只是口头上喊劳动、课堂上讲劳动，更要在实践中去践行劳动。

二、完善运行机制

完善劳动教育的各项运行机制是劳动教育工作顺利开展的重要保障，是学校层面最核心的职责。学校要从组织管理、课程建设、安全保障、监测评价等层面建立完善的运行机制，以此推进本校劳动教育高质量发展。

（一）建立组织管理机制

首先，高校在建立由党委统一领导，负责人主管、各部门齐抓共管、协同联动和密切配合的领导体制，明确各部门、人员的工作职责的前提下，确保劳动教育得以高效开展。其次，建立系统科学、分工明确的新时代高校劳动教育组织实施的工作制度，学校组织各院系、教师切实将劳动教育融入高校教育教学的环节中，推动劳动教育进课堂、进教材、进头脑。再次，完善劳动教育的督导机制，改进督导方法。学校设置专门的督导机构对各院系劳动教育课程开展的有效性、实践活动组织的有序性、教学指导的针对性等进行监督与指导，并且公开督导结果，作为衡量各院系劳动教育质量的重要指标,以确保劳动教育高效保质地开展。最后,健全劳动教育的保障机制。高校应从师资队伍、资金投入、物质支持三个方面为劳动教育提供条件保障。此外,高校还可以通过调动学生、家庭、社会的力量形成各方协同育人的机制,为高校劳动教育的高效、长久开展提供形式不一、内容丰富的资源保障。

(二)完善课程育人机制

课程是专业建设的核心内容,是人才培养的基本要素。完善的学校课程体系有利于指导各院系开设针对性的劳动教育课程,引导教师进行科学合理的劳动教育课程教学,帮助学生系统专业地学习劳动知识。因此,高校应按照中共中央、国务院关于在大中小学设置劳动教育课程的具体要求,完善高校劳动教育的课程育人机制,以保证高校劳动教育课程的顺利开展。

首先,保证劳动教育课程的开设。课程应包括必修课程和选修课程,并规定相应的学时、学分。

其次,确立课程目标。高校劳动教育的课程目标应根据《大中小学劳动教育指导纲要(试行)》要求确立,通过劳动教育,使新时代大学生牢固树立劳动最光荣、劳动最崇高、劳动最伟大、劳动最美丽的观念,具备满足生存发展需要的基本劳动能力,养成热爱劳动、砥砺奋进的劳动精神,形成良好的劳动习惯和品质。

再次,规范课程内容。高校可以通过编制高校劳动教育大纲、教材等方式规范劳动教育课程的内容。例如,高校劳动教育大纲的制定必须贯彻党和国家的相关规定,坚持正确的政治方向,课程内容应以马克思主义劳动教育观为引导,围绕新时代大学生劳动价值观、劳动态度、劳动习惯、劳动技能等内容展开。另外,创新课程教学方式。高校可根据所处地区、学校的具体情况,围绕创新创业,结合学科专业特点,广泛开展实习实训、社会实践、志愿服务等各种形式的劳动教育课程,做到课堂讲授与课外实践相统一,校内与校外相配合,动脑与动手相结合。

最后,完善课程教学质量考核体系。教学质量的考核是检验教学效果的标尺,它的好坏对教学效果有着重大的影响。因此,高校要完善课程教学质量考核体系,建立学生劳动素养评价制度,将学生劳动教育课堂表现与劳动教育实践活动表现等要素都纳入综合素质评价体系,并把劳动素养评价考核结果作为学生评优评先的重要参考和毕业依据。

(三)构建安全保障机制

劳动教育是以实践育人的教育,高校劳动教育的重要形式就是组织学生参与实践活动,包括实习实训、社会实践、公益活动等,学生在参与这些实践活动的过程中,安全问题尤为重要。高校应强化劳动安全意识,建立劳动教育安全保障机制。一是加强学生日常安全教育。学校可通过开设安全教育课程、组织安全演练等方式来提高学生安全意识，让学生掌握基本的安全防护知识。二是做好劳动实践安全防护。学校在安排学生参与劳动实践活动时应根据学生的身心发展特征，切实关注劳动任务及场所设施的适宜性，合理安排劳动的时长与强度；科学评估劳动实践活动的安全风险，做好安全管理，认真排查、清除学生在劳动实践中的各种隐患；准备充足的劳动防护工具和一些简单的医疗用品，在条件允许的情况下，可以在大型实践活动现场配备一定的医护工作人员，切实保护学生身心健康。三是完善学校保险体系，在学生外出参与生产劳动或服务性劳动实践活动中，为学生购买必要的意外伤害保险，并鼓励学生购买必要的健康医疗保险，为学生安全提供一定保障。

（四）健全监测评价机制

教育承载着培养社会主义建设者和接班人的重要使命，如何对高校开展劳动教育的情况进行考核和评价，提出反馈意见，采取有效措施，正确有效地指导劳动教育的实施开展，提升劳动教育质量，建立健全高校劳动教育监测评价机制是关键。

首先，细化劳动教育评价目标。高校应综合研判其劳动教育内外部形势，围绕劳动教育整体规划，多维度分阶段构建不同专业领域的劳动教育分项目标。从劳动教育培养目标与培养效果的达成度、人才培养目标与国家和地方经济社会发展需求的适应度、劳动教育教师与教学资源条件的保障度、劳动教育教学和质量保障体系运行的有效度、学生在劳动方面的表现与社会用人单位满意度等五个方面分别设置劳动教育评价目标。在阶段划分上，可以5年或3年为一个总体目标，再分别设定年度目标、学期目标、月目标；还可以根据已有各维度目标，设定阶段目标的考核指标。

其次，跟踪劳动教育评价过程。良好的评价机制并不是一成不变的，评价过程需要有专门的机构、专业的教育管理人员对劳动教育评价的具体实施情况进行跟踪监测，及时发现实施过程中偏离具体目标的情况，综合分析问题产生的原因，收集各院系、老师、同学有关劳动教育评价实施过程中的问题与建议。全方位跟踪评价过程，全面了解实施情况。

最后，完善劳动教育评价举措。劳动教育的全过程评估不仅要突出现有问题，更要探究导致问题产生的原因，从根本上提出解决问题的办法，真正落实保障劳动教育评价的相关举措。高校要建立健全劳动教育监测过程中问题解决的保障机制，多渠道集思广益，逐一解决问题，在解决问题中完善高校劳动教育评价体系，实现劳动教育规划的既定目标。

三、加强支持保障

任何教育都需要条件支撑，劳动教育的开展也需要多种条件的有力配合。为保证劳动教育的有效开展，学校层面需要在人、财、物三个方面给予保障。

（一）加强师资建设

百年大计，教育为本；教育大计，教师为本。教师是学生的引路人，一支有深厚劳动情怀、道德情操、扎实知识和仁爱之心的教师队伍，是高校劳动育人有效开展的重要保障。首先，成立跨学院、跨学科的公共性劳动教育教研团队，研究不同学科专业背景下劳动教育实施的目标和任务，以此指导院系劳动教育工作的开展。其次，建立专兼职相结合的劳动教育师资队伍，配备必要的劳动教育专任指导教师，聘请有实践经验的社会专业技术人员、劳动模范等担任兼职教师，有计划培养和补充劳动教育的师资队伍。再次，开展劳动教育教师培训，强化高校教师的劳动意识、劳动观念，提升实施劳动教育的自觉性；对承担劳动教育课程教师定期进行培训，提高教师的专业化水平。最后，建立健全劳动教育教师工作考核体系，完善评价标准，打通职称评聘通道，确保考核评价科学、公正，保障劳动教育的任课教师与其他专任教师在绩效考核、职称评聘、评先评优等方面享受同等待遇。

（二）加大经费投入

资金投入是劳动教育顺利开展的物质保证，经费不足会严重阻碍劳动教育的可持续发展。因此，要保障劳动育人的实效性，高校要加大资金投入，确保每学年有专项经费投入到劳动教育的工作开展中，助力劳动教育的课程建设、教师培训、基地建设、评优表彰等方面常态化发展。同时，高校还可以采取多种形式筹措资金，比如联合政府、企事业单位、知名校友等组织，吸引社会各方力量的捐赠，为劳动教学设施设备的日常更新保养和维护提供资金保障，保证教育教学设施设备满足师生需要。

（三）提供物质支持

物质支持也是劳动教育顺利开展的重要保障。它包括为各学院学科发展提供相应的教学设施、设备、器材、场地，为学校师生的劳动教育课堂提供充足的书籍和音像资料、教学器材，为劳动教育实践活动提供校内、校外的实践场所，为教师的专业发展提供物质支持，如为教师的劳动教育培训和劳动教育科学研究等提供场所、工具等支持。

四、构建共育体系

学校不是开展劳动教育的孤岛，劳动教育从来不只是高校一方的职责，因此需要打破以往高校教育相对自我封闭的状态，积极构建学生、家庭、学校、社会四方联动、协同育人的整合机制。提升高校劳动教育的效果，要充分调动高校学生参与劳动教育的积极性，并且以高校作为主阵地，发挥其在劳动教育中的关键性和主导性作用，同时也要发挥家庭劳动教育和社会劳动教育的协同推进作用，互相取长补短，推动劳动教育效益最优化。

（一）调动学生参与劳动教育的主动性

高校学生参与劳动教育的主动性是影响劳动教育实施效果的重要内在因素，因此，学校劳动教育应从提升学生参与劳动教育的主动性出发，激发学生从内至外的劳动主动性。

首先，引导学生树立正确的劳动观念。正确的劳动价值观引导着学生正确的劳动实践行为，高校应通过开设劳动教育理论课堂、举办劳动实践活动，让学生理解劳动的重要性，向学生传递劳动最光荣、劳动最崇高、劳动最伟大、劳动最美丽的劳动价值观，唤醒高校学生对劳动的热情和兴趣，愿意主动了解劳动教育知识、参与劳动实践。

其次，帮助学生掌握熟练的劳动技能。掌握熟练的劳动技能能够帮助学生理解劳动教育理论知识、提高适应社会的能力。因此，高校应为学生创建良好的教育平台，通过开设不同专业的各类实践课程、创办各类实践基地、举办各类比赛等方式，使学生能够根据专业的特点完善劳动技能培育，逐步熟练自身的劳动技能，并且加深对劳动教育知识的掌握和劳动教育理论的理解。

最后，鼓励学生参与劳动实践锻炼。劳动实践锻炼能够将学生的劳动认知转化为实际的劳动行为和习惯，并且能够使学生在具体的劳动中形成积极的劳动精神和品质。因此，高校应加大投入力度，丰富拓展劳动教育实践场所，为学生提供丰富的学习资源、良好的实践情境。同时，在实践过程中要采取各种激励机制引导学生在实践锻炼中增强感知体悟，激发劳动实践锻炼的欲望，进而使学生在实践中养成自觉自愿、坚持不懈、吃苦耐劳等劳动品质。

（二）发挥家庭在劳动教育中的基础作用

家庭是人生的第一所学校，家长是孩子的第一任老师，家庭教育是人才培养的奠基工程，家庭在劳动教育中也发挥着奠基作用，对子女的教育有着巨大影响。然而，就当前状况来说，高校学生大多为独生子女，在他们进入大学之前，家长承担了子女生活中很多方面的劳动，造成子女劳动能力的弱化，将子女培养成了"衣来伸手，饭来张口"的单向度发展的人。因此，在高校劳动教育开展过程中，要将家庭纳入其中，充分挖掘并发挥家庭所承担的育人功能，帮助学生树立正确的劳动观念，促使他们养成良好的劳动习惯。高校应该和家庭建立共育共治机制，可以通过QQ、微信群、公众号等方式向家长推送高校有关劳动教育的理念和方式，或者对家长开展定期培训，增加劳动教育知识，掌握多样劳动教育方法，承担教育子女的职责，以更适合子女成长的方法教育孩子尊重和热爱劳动，从而营造一种和谐向上的家校劳育氛围。此外，高校还可以通过新型社交媒体平台与各个家庭建立线上联系，积极沟通，动态掌握学生在生活中的实际劳动表现，并予以考核评价，与学生的综合素质评价以及评优、评先相结合。

（三）重视社会在劳动教育中的支撑作用

社会是一个复杂的有机体，是不同团体、个人获取经验、交往交流的重要场所，同时也汇集了各种丰富的资源。要保证高校劳动教育的持久开展，高校就必须充分调动社会各方的力量与资源，发挥社会对教育的支撑作用。

首先，争取企事业单位的广泛参与。高校应积极调动社会企事业单位力量，加强学校与社会企事业单位之间的合作，充分利用其独特的优势。一方面，可以与企事业单位协商合作，共享开放实践场所，为学校提供劳动实践平台和实习场地；另一方面，高校可以通过融洽企事业单位与学校的人才培养模式，为高校学生提供就业创业平台。比如，学校可以通过产教融合的方式加强和企事业单位联合，把产业与教学密切结合，相互支持，相互促进，为大学生提供多样化的实习实践环境条件和一线生产管理实践岗位，帮助大学生深入一线了解社会，加强劳动技能，提升劳动素养。总之，争取企事业单位广泛参与学校的劳动教育能够为青年大学生提供丰富生动的现场劳动教育，使他们通过劳动现场的切身感受理解劳动和劳动者的意义和伟大，在敬佩中树立起正确的劳动价值观，为以后走向社会、成为合格乃至优秀的劳动者奠定坚实的基础。

其次，充分利用工会、共青团、妇联等群团组织在劳动教育中的独特力量。工会是职工群众组织，它和劳动、劳动者有着天然的联系，高校可以主动联系工会使其充分发挥它独特的人才优势，积极推进劳模、大国工匠和先进人物进校园，用现身说法的榜样教育法，弘扬积极的劳动精神；共青团作为青年群体组织，和青年学生联系密切，具有教育青年的独特优势。高校应充分利用本校、本地区共青团的优势，积极配合其开展适合青年特点的、多种形式的劳动教育，如鼓励积极劳动的公益活动；妇联是联系广大妇女群众的组织，妇女在家庭和社会中都起着重要的作用，尤其是在家庭教育方面起着关键的作用。高校可以将自身的育人优势与妇联动员、组织妇女的优势相结合，定期组织家庭妇女培训，提升他们的劳动教育意识，增长劳动教育知识，掌握劳动教育方法，搞好对孩子的劳动教育。

最后，整合媒体资源，加大宣传力度。在信息化时代快速发展的今天，新时代互联网的高速发展，主流媒体的快速运行，是加强劳动教育宣传力度的最好机遇。因此，高校应该善于整合社会媒体资源，利用线上和线下两种形式加大对劳动教育的宣传力度，营造良好的舆论环境。新媒体具有传播速度快、门槛低、方式新颖等优势，如果将其作为高校劳动教育的宣传途径，对劳动教育的政策、目标、内容、方法等进行宣传，对具有劳动教育意义的故事进行报道，社会、高校、家庭、学生对于劳动教育的理解与重视度必定会大大提高，使劳动教育深入人心。此外，在做好线上宣传工作的同时，也要将线下的推广行动落到实处。高校可以采取定期组织学生参观劳动模范的展览馆或纪念馆的方式使学生了解人物的先进事迹，理解其优秀品质，在达到宣传效果的同时也能让学生感同身受，从而将榜样人物的高尚品质内化于心、外化于行。此外，高校也可以发动文艺界的力量，发挥其爆发式的宣传功能，组织文艺演出进校园等活动，让高校学生亲身接触一些反映劳动精神与风貌的优秀作品，引导青年学子树立正确的劳动观念，养成勤俭节约、敬业奉献、开拓创新、砥砺奋进的新时代劳动精神。

第二节 院系层面的实施职责

学校在对劳动教育的开展进行顶层设计、组织规划之后，高校劳动教育能否有效实施，效果如何，关键还在于院系层面。院系作为大学生劳动教育的直接领导者和推进者，承载着劳动课程建设和劳动实践组织等任务，是劳动教育开展与实施的前沿阵地。在劳动教育开展过程中，院系层面的实施职责主要表现为从培养方案、课程建设和条件建设三个方面入手，依靠学校已有资源与平台，形成科学合理的育人机制，从而引导学生树立正确的劳动观念、掌握必备的劳动技能、养成良好的劳动习惯和品质，全面提高学生劳动素养，实现知行合一，促进学生形成正确的世界观、人生观、价值观。

一、修订培养方案

劳动教育的实践性使其区别于传统的知识教育和实践教学，其改革和推进绝不是院系在专业人才培养方案中简单开设两门课，更不是老师在某门课程中单纯讲两节课，告诉学生什么是劳动教育就可以实现的。相反，院系层面要结合人才培养定位，推进劳动教育进入人才培养方案，将劳动教育贯穿于人才培养和学生发展的全链条和全环节，构建完整的劳动教育育人体系。

院系层面要将劳动教育主动融入培养方案的培养目标和毕业要求中，建构德智体美劳全面发展的人才培养目标体系。高校劳动教育的最终目的是让大学生有创造未来美好生活的能力，这种能力需要知识、能力和情感的共同加持。因此，新时代高校劳动教育的目标应从认知、情感、动作技能三个维度进行强化。具体而言，就是要培育劳动观念、端正劳动态度、养成劳动习惯、增强劳动情感、增长劳动知识、提升劳动技能，培养具有劳动知识、劳动技术素养、劳动精神、劳模精神、工匠精神，能够辛勤劳动、诚实劳动、创造性劳动的社会主义建设者和接班人。为此，院系层面在修订培养方案时，要摒弃对劳动教育目标的狭隘化、功利化认识。要结合新时代社会发展需要和教育规律，循序渐进地设定融劳动价值观塑造和劳动知识与技能、劳动精神、劳动习惯与品质培养为一体的劳动教育目标观。以劳动价值观的塑造作为劳动教育的长远性目标，夯实新时代大学生的敬业精神、合作精神、奋斗意识、责任意识等优良劳动素质的培养，在此前提下依次进阶，设计劳动意识培养目标、劳动精神培养目标、劳动能力培养目标，切实提高新时代大学生劳动意识与能力。

将劳动教育融入人才培养目标体系后，院系层面要按照劳动教育所要实现的知识、能力和素质要求，架构劳动教育的课程体系，设置适当的课时学分。《大中小学劳动教育指导纲要（试行）》提出，普通高等学校要将劳动教育纳入专业人才培养方案，明确主要依托的课程，可在已有课程中专设劳动教育模块，也可专门开设劳动专题教育必修课，本科阶段不少于32学时；课程内容应加强马克思主义劳动观教育，普及与学生职业发展密切相关的通用劳动科学知识，并经历必要的实践体验。为此，院系层面需要结合自身人才培养目标和专业培养特色，明确本专业开展劳动教育的主要依托课程，构建包含理论知识学习和实践技能训练的劳动教育课程体系，设置相应的学时和学分。课程设置后，院系层面要组织教师修订劳动教育依托课程的课程大纲，结合专业教育在具体的课程实施中设定劳动教育内容和任务。

二、加强课程建设

在高校劳动教育中，不同院系课程建设的侧重点不同。如承担公共课教学任务的马克思主义学院，要加强思想政治理论课和大学生就业指导课等公共课建设，注重马克思主义劳动观的学习和劳动精神的培育；承担专业课教学任务的学院要注重结合专业人才培养目标，明确劳动教育依托课程和实践渠道，加强课程建设，注重学生劳动知识学习、劳动技能训练和劳动价值观塑造。

（一）加强思想政治理论课建设

思想政治理论课要用马克思主义劳动观解读劳动精神，从理论上阐释和阐发劳动创造世界、创造历史和人本身的理论根源，让学生理解劳动创造价值，劳动是财富和幸福的源泉，是实现人的全面发展的重要途径。思想政治理论课在高校劳动教育课程体系中居于重要地位，发挥着铸魂领航的重要作用。高校劳动教育与思想政治教育的目标具有同向性，内容具有关联性，将劳动教育与思想政治教育相融合，深入挖掘课程内容和教学方式中蕴含的劳动教育资源，有利于加强"活性劳动知识"的学习，强化劳动教育的道德引领和精神塑造，帮助学生塑造和培养正确的劳动价值观、劳动态度、劳动品德，努力成为德智体美劳全面发展的社会主义建设者和接班人。思想政治理论课要充分发挥自身育人的主渠道和主阵地作用，充分挖掘课程中蕴含的劳动精神实质和元素，从哲学、历史、伦理道德、中外比较等多方面促进劳动教育与思想政治教育的融合创新，形成德育与劳动教育的协同效应。学院要深入研究劳动和劳动教育在马克思主义理论体系和中国特色社会主义理论体系中的地位，学习习近平总书记关于劳动的重要论述，通过课程教学，让学生深刻认识劳动的重要价值，理解劳动与人类社会发展、与中华民族伟大复兴、与劳动者个人幸福之间相互统一的辩证关系，让劳动最光荣、劳动最崇高、劳动最伟大、劳动最美丽的价值引领内化于心、外化于行。

（二）加强劳动教育依托课程建设

承担专业教学任务的院系要促进劳动教育和专业教育相结合，加强专业教育中劳动教育主要依托课程的建设。劳动教育和专业教育具有内在的一致性和统一性。一方面，专业课程学习本身就是一种精神劳动，学习过程本质上就是劳动教育。另一方面，专业教育的最终目标也符合劳动的根本需求。为此，院系层面首先是要拓宽专业视野，切实推进劳动教育与不同学科的融合。在专业课程教育中，到处都是劳动教育资源。例如，在人文社会科学领域，古代文学教材中有很多关于劳动的记述，诸子百家中也有很多关于劳动的观点。教师在课堂中一边分析这些作品一边穿插古代劳动观，不仅有助于学生对作品本身的理解，也有助于学生把握古代社会的劳动观。在自然科学领域，真实的科学研究，如理科的物理学实验、化学实验、数量统计成为毫无疑问的劳动，天文观测、地质勘探等也具有明显的劳动特点，在工科中机械、电气、建筑、数理等应用研究技术和工艺都是劳动教育和自身专业相结合的生动实践。院系层面要通过基层教学组织中的课程教学研讨，将劳动教育融进专业课程教学，通过发掘教材本身所具有的劳动教育元素，在实施专业教学的同时，潜移默化地培育学生的劳动观念、劳动意识和劳动习惯。同时，劳动意识、劳动人权、劳动伦理、劳动关系、劳动条件、就业平等、社会保障、员工福利、工作安全卫生、劳动法和劳动职业生涯发展教育等相关内容也要融入专业教育中，为学生提供完整、系统的劳动教育。

（三）拓宽劳动教育实践渠道

一是要加强专业实践类课程建设，在专业实践活动中强化劳动实践。专业性的实践活动本身就是一种劳动实践活动，是开展新时代大学劳动教育的主要阵地。在专业性实践课程中发挥"以劳树德、以劳益智、以劳健体、以劳育美"的教育机能，是培养德智体美劳全面发展的社会主义建设者和接班人的主要途径。首先，优化专业实践教学体系，加强劳动教育与实验、实习和实训等教学环节的融合，建立科学的实践教学课程体系。根据相关专业教育质量国家标准和培养要求，整合相关行业企业专业人才的岗位标准，开设与行业特点、创新创业和就业密切相关的实践教学课程。通过课程实践重点提升学生的专业性劳动知识和劳动技能。其次，规范实践教学管理，完善各项实践教学规章制度。一是建立实验教学规范、实习实训教学标准，促使学生结合专业知识的学习提升创新精神、创业意识和创新创业能力。二是要加强社会实践类课程建设，在社会实践活动中强化劳动实践。社会实践更加注重知识在社会生活中的应用和发展，把教育与生产劳动和社会实践结合起来是马克思主义劳动观的进一步丰富和拓展。在社会实践过程中，学生的劳动观念和理论知识得到进一步验证、运用和发展，所以，加强社会实践课程建设更具有时代性和现实性。具体而言，一方面要把劳动教育融入社会实践。大学要积极组织以弘扬劳模精神和工匠精神为主题的讲座、论坛、沙龙，开展以"劳动"为主题的演讲大会、摄影比赛等活动，传播劳动精神、劳模精神和工匠精神。定期举办劳动技能比赛，让学生积极参与其中，感受劳动的乐趣。另一方面，将劳动教育与志愿者服务相结合。通过开展"暑期三下乡""社会志愿者服务""青年志愿者智力指向小分队""青年乡村创客"等志愿者活动，培育学生的公共服务意识和主动作为的奉献精神。同时，积极创作以模范工人故事汇、模范工人事迹巡演、青年劳动之声等劳动教育为主题的优秀网络文化作品，不断扩大网络的积极能量，弘扬劳动的主旋律。

三、强化条件建设

高校劳动教育的实施离不开院系层面切实的资源支持和条件保障，院系层面同样需要加强劳动教育的条件建设，强化支持保障。院系层面尤其是要结合本单位人才培养实际，强化劳动教育所需要的师资、场地、设施等资源支持，进行合理规划和统筹安排，为劳动教育的实施创造必要条件。

（一）强化劳动教育师资队伍建设

劳动教育师资队伍在整个劳动教育的体系构建、工作组织和具体实施过程中居于主导地位，其水平和修养对于高校劳动教育的组织实施具有十分重要的意义，甚至在一定程度上决定着劳动教育的成效，因此，院系层面要结合自身专业特色和师资情况，强化劳动教育师资队伍建设，结合专业的劳动教育课程，遴选一支劳动教育师资队伍，明确授课教师应具备的知识与能力。具体而言，这支队伍首先应树立马克思主义劳动观，具备一定的劳动理论水平和实践指导能力。教师应全面掌握马克思主义劳动观的精髓和实质，同时应指导大学生理解马克思主义劳动观、明确劳动的价值和意义，明白为什么要劳动，在专业成长中如何进行有效劳动。其次，这支队伍要具备分析解决劳动教育中相关问题的能力，对于大学生在劳动过程中出现的问题和难点能够给予正确分析、讲解和指导。最后，这支队伍还应熟悉劳动教育相关政策，指导学生树立创新性劳动、创造性劳动的理念，并在劳动实践中实施。此外，这支队伍还要具备劳动教育课程教学能力。按照课程要求，上好各类劳动教育课，指导学生增强劳动意识，端正劳动态度，增强劳动能力，重视发现劳动实践过程中的好榜样，做好学生在劳动过程中的宣传思想教育工作。

（二）强化劳动教育实践基地建设

院系层面要积极推进产教融合和校企合作，充分利用现有实践教学基地开展专业性生产劳动，逐步建好配齐劳动技术实践教室、实训基地，丰富劳动教育资源。新时代背景下，劳动教育的内涵呈现出新的特点，教劳结合既强调劳动富有教育意义，又强调提升教育的活力。当务之急，院系层面应努力拓展和创新劳动教育的实践平台，让学生正确运用马克思主义劳动观点,实现劳动理念认知和劳动行为实践的集中统一。一方面,学校作为马克思主义劳动观教育的主阵地,应将劳动教育与学生的日常生活和专业学习相结合,建好配齐专业实训场所,在校内打造院系层面的劳动育人实践平台,营造劳动育人的浓厚氛围。另一方面,社会为劳动教育提供最大的实践资源。院系层面要结合自身专业特色和当地实际与社会需求,引导学生广泛开展社区服务与公益劳动、兴趣活动与创新创业、工农业生产劳动。只有通过校内外协调联动的实践平台,构建科学合理的劳动实践平台,才能启发学生准确地将马克思主义劳动观运用于现实生活,在劳动实践中不断领略劳动的幸福和美丽,从根本上实现马克思主义劳动观教育的价值旨归。此外,还应充分利用好学生课外实践活动。在各个高校中,学生往往根据兴趣和意愿选择适合自己的课外实践活动,如社团活动、报告论坛、科技活动等。这些活动以学生的兴趣为起点,与学生生活紧密相连,并且蕴含着丰富的劳动教育因素。各院系要结合专业特色和自身实际,积极筹办各种学科竞赛和论坛活动,在各种劳动教育主题活动的筹备、组织、开展中融入劳动教育内容,让学生既受到劳动价值观的熏陶,又能提高劳动水平。

院系是高校开展学术活动的重要阵地,劳动教育实施过程中的诸多矛盾与问题,都会在院系实施过程中显现并最终在院系层面得以解决。院系最了解劳动教育发展的现状及实施过程中的优势与劣势,洞悉劳动教育的发展方向和实现途径。因此,劳动教育的推动与实施需要院系层面每一位教育工作者的努力。

第三节 教师层面的指导职责

高校劳动教育开展依托学校建设和院系保障,要在学校、院系提供的优良平台和学生积极参与之间搭建桥梁。高校教师作为教书育人的一线人员,是连接校院工作和学生工作的纽带;作为学生成长的引路人,承担着指导学生思想观念、专业学习、社会实践和未来发展等多方面的职责。在劳动教育开展过程中,高校教师指导职责主要表现为引导学生树立劳动价值观、教导学生掌握劳动技能、促进学生涵养劳动情怀,从知识、技能、情感等多个角度全面指导学生形成良好的劳动品质。

一、引导学生树立劳动价值观

高校教师肩负着教书育人的崇高使命,需要准确把握社会主义建设者和接班人的劳动精神面貌、劳动价值取向和劳动技能水平的培养要求。教育要引导学生崇尚劳动、尊重劳动,懂得劳动最光荣、劳动最崇高、劳动最伟大、劳动最美丽的道理,高校教师首先要提升自我劳动教育认知,为教育学生做好知识准备。一方面,高校教师要提高劳动教育意识,在思想上充分认识劳动教育的重要作用,认识劳动教育的不可替代性,同时自身不断增强服务意识和社会责任感,提高探索创新精神和解决问题的实践能力,夯实在劳动教育开展过程中做好学生思想教育和实践指导工作的基础,最大限度地发挥劳动教育的综合育人作用。另一方面,高校教师要探索开展劳动教育并指导学生参与和实践劳动的方式和途径,根据社会需求、培养条件和指导能力,合理安排自身的工作时间,投入足够的时间和精力进行劳动教育指导,要以思想教育为引领,以专业课程学习为基础,分阶段、分类型精准落实劳动教育,按照学生成长规律和社会发展需要向学生传授劳动知识、劳动技能,让学生充分认识和理解劳动的内涵,并引导学生树立正确的劳动价值观,培养学生的劳动观念、劳动习惯,提高学生劳动品质、劳动素养,最终实现学生全面发展。

(一)在学生日常管理中渗透劳动教育,深化学生劳动认识

教师要通过言传身教、劳动主题教育、劳动教育经典书籍导读以及开展学生活动等,潜移默化地引导学生摒弃"仅把劳动视为获取物质福利手段"的错误观点。引导学生继承中华民族勤俭节约、敬业奉献的优良传统,形成热爱劳动、尊重劳动、诚实守信、吃苦耐劳的劳动习惯和品质。强调在劳动创造中感受幸福,激发新时代大学生从被动接受到主动参与劳动创造的兴趣热情,引导他们主动将劳动教育外在工具价值与内在终极价值、个人发展成长与国家富强进步有机结合统一,最终实现劳动观念内化于心,劳动行动外化于行的劳动教育的个体自觉。

(二)将劳动教育与思想政治理论课程相结合,增强学生的思想底蕴

思想政治理论课程作为高校进行思想政治教育的主要渠道,是引导学生树立正确劳动价值观的关键载体,课程内容凸显了劳动教育的基础性、贯通性、时代性和价值性。教师在教学中既要着重强调马克思主义劳动价值观,帮助学生从思想源头认识劳动创造世界、创造历史和创造人本身的历史唯物主义观,理解劳动是人的本质,是人全面发展的重要途径的唯物史观;也要系统学习毛泽东思想、邓小平理论、"三个代表"重要思想、科学发展观和习近平新时代中国特色社会主义思想理论体系中关于劳动的重要论述,结合中国历史发展和当今时代变革阐明劳动在中国发展中的推动作用,帮助学生深刻理解马克思主义劳动观和社会主义劳动关系,树立劳动最光荣、劳动最崇高、劳动最伟大、劳动最美丽的观念。

(三)将劳动教育融入专业课程教学,增长学生的劳动知识

专业课程是高校学生在校学习的核心内容,通过专业课程能够培养具备专业知识和技能的人才,并将他们输送到社会发展所需的各个岗位。虽然课程种类多样,但课程内容都具有劳动属性。一方面,课程内容本就涉及劳动技术的科学原理、劳动技能的具体流程、从事某种劳动所需的基本要求等。另一方面,各个专业也具有实践操作

的相关内容，如自然科学学科的实验研究能够让学生掌握某一事物的内在机理和运作方式，增强学生的创新创造能力；人文社会学科的社会调查能够让学生了解社会发展现实，加强学生的社会认同感和责任感等。因而教师在教授专业知识的基础上，需进一步落实《关于全面加强新时代大中小学劳动教育的意见》所提出的"其他课程结合学科、专业特点，有机融入劳动教育内容"，充分发挥专业课程的劳动属性，以劳动育人为导向，自觉融入劳动元素，构建具有专业特色的劳动教育课程。

（四）在考核评价中纳入劳动教育内容，铸牢学生劳动意识

高校教师在工作过程中应明确学生劳动教育的目标，并注重收集和汇总学生劳动教育过程的材料，强化学生劳动教育的日常评价，在时间纵向上形成长期的动态评价，在评价范围上形成劳动知识、技能和情感的综合评价，以评价引导和激励学生不断提高个人劳动素养。

二、引导学生掌握劳动技能

掌握劳动技能是学生自我发展与社会发展接轨的重要环节，学生只有熟练掌握劳动技能，才能将个人理想与现实社会发展有机结合。《关于全面加强新时代大中小学劳动教育的意见》指出，高等学校要注重围绕创新创业，结合学科和专业积极开展实习实训、专业服务、社会实践、勤工助学等，重视新知识、新技术、新工艺、新方法应用，创造性地解决实际问题，使学生增强诚实劳动意识，积累职业经验，提升就业创业能力。高校劳动教育的开展现已呈现课上课下、校内校外贯通的趋势，教导学生掌握劳动技能不局限于课程的理论学习，教师应创造机会和条件将理论转化为实践，并带领学生走进田间地头、车间工厂、基层社区并将劳动技能予以运用。具体而言，教师可以从以下四个方面教导学生掌握劳动技能。

（一）加强课程内容的实践性

首先，将课程内容与社会生活密切联系，注重基本原理与当代实践的互通互融，实现在理论中融汇生活、在生活中提炼理论。其次，运用探究式教学、项目式学习、研究性学习等方式方法开展课堂教学，以问题为线索，通过发现问题、分析问题，并引导学生提出新认识、新思路、新观点，创造性地解决问题，综合培养学生思维能力、实践能力、创新能力。最后，设计与课程内容相关的主题活动，运用演讲、辩论、模拟法庭、研讨会等多种形式与学生共同探讨真实问题。

（二）指导专业实习实训

实习实训是将专业理论知识和技能从"知道"转化为"运用"的过程，是培养学生专业能力与就业竞争力的教学环节，是高校学生直接参与劳动并熟悉未来就业岗位

的主要方式。高校教师在实习实训中要从定目标、督过程、悟收获等多方面发挥指导作用。"定目标"即确定实习实训的目标和任务,让学生懂得参与实习实训的意义,让参加者有目的、有问题、有思考地学习;"督过程"是指教师要全程组织和监督,全面掌握实习实训情况,指导学生处理实习实训中遇到的疑难问题,推动实习实训工作顺利开展;"悟收获"即教师要指导学生总结问题、积累经验,让学生不仅通过专业教师指导和示范,熟练劳动技能,也能够通过劳动实践体会劳动的价值与意义。

(三)开展社会实践和志愿服务活动

教育要同生产劳动和社会实践相结合,高校结合学校办学实际为学生提供多样的社会实践和志愿服务活动,教师在其中扮演着倡导者、组织者、指导者和参与者等多重身份。教师作为倡导者,要积极号召学生参与社会实践和志愿服务活动,让学生了解活动内容,对社会实践和志愿服务产生兴趣并主动参与;作为组织者,教师在继承以往经验的基础上,要注重切合当代社会发展需要,深入基层社区、乡村地区以及其他需要关注的地区开展社会实践和志愿活动;作为指导者,教师需要明确活动的方向目标和实施流程,必要时为学生提供技能指导和其他支持;作为参与者,教师要全心投入社会实践和志愿服务活动,尤其要做好指导工作、管理工作和监督工作,让活动效果达到预期的意义与价值。

(四)鼓励学生参与创新创业

创新创业教育的重点内容是鼓励学生开展具有挑战性的劳动,传统劳动方式只能延续社会生产,只有具有挑战性的劳动才能改变社会生产,创新创业教育就是鼓励学生不断尝试创新劳动方式。教师可以通过指导学生学习创新创业课程内容、申报创新创业类科研项目、参加创新创业训练计划、参与实际创业项目等多种方式,以劳动教育为基础,结合专业特点和社会需求,培育学生创新创业精神、训练创新创业思维,让学生认识到劳动的传统形态与新形态的关系,切实提升学生改造和创新传统劳动的意识,提高学生劳动创造力和劳动实践能力。

三、促进学生涵养劳动情怀

劳动教育的目的,在谋手脑相长,以增进自立之能力,获得事物之真知及了解劳动者之甘苦。劳动教育在树立劳动观、掌握劳动技能的基础上,也要让学生关注劳动者群体,了解真实劳动者的故事,体会、学习并发扬劳动精神,涵养劳动情怀。这要求教师不仅要在专业知识和技能上给予学生支持,也要在培育学生劳动情怀上下功夫。通过舆论引导、氛围营造和榜样示范等途径让学生在耳濡目染中,深刻感受劳动者的真挚情怀;通过讲好劳模故事、发掘身边劳动故事、向劳动者致敬与学习,让劳模精神、劳动精神、工匠精神深入人心。

（一）向学生讲好劳动模范事迹

习近平总书记指出："劳动模范是劳动群众的杰出代表，是最美的劳动者。劳动模范身上体现的'爱岗敬业、争创一流、艰苦奋斗、勇于创新、淡泊名利、甘于奉献'的劳模精神，是伟大时代精神的生动体现。"劳模事迹具有较强的感染力和说服力，通过劳模生动的形象，让其身上所体现出的劳动情怀入脑入心。教师要善于运用劳模事迹丰富教学内容，使知识技能学习和情感体验相融合；策划劳动精神教育主题活动，如设立劳动模范墙、开展主题展览、创立劳模文化活动室等，营造崇尚劳模精神的文化氛围；依托"网络育人"做好劳模精神网络宣传工作，借助网络丰富的资源使劳模精神的宣传及培育更为多样化、立体化、具象化。

（二）注重发掘身边劳动故事

培育劳动情怀除了学习具有典型性和代表性的劳动模范事迹外，要引导学生发现身边的优秀劳动者，包括学校的管理人员、教师、学生、后勤人员等；引导学生在实习、实训、考察、调研中走进生产劳动一线，走进企业、社区、乡村，同广大普通劳动者交往、交流、交心，增进与普通劳动者的感情。通过组织学生通过观察、采访、亲身实践等多种方式，了解劳动者的日常劳动、提炼优良的劳动品质、发掘身边的劳动故事，促进学生关注劳动群体，推动劳动教育落地生根。

（三）组织学生向劳动者致敬与学习

教师要善于运用先进集体、优秀群体和劳动者的精神和力量开展劳动教育。一方面，通过宣讲、展览和演出等形式，宣扬劳动者的优良作风和优秀事迹，引导学生进行观看和汇报，领会劳动精神；另一方面，结合实习实训、社会实践和志愿服务，组织学生参与其中，体会劳动情怀。教师既要切身指导和参与宣传活动，把握活动始终围绕"劳动""劳动精神""劳动情怀"等关键词展开，也要引导学生深入体会劳动者辛勤劳动、诚实劳动、创造劳动的优良品质，促进劳动情怀深入人心。

综上，劳动教育有效、优质开展的关键是高校教师要成为一支劳动素养过硬的队伍，推动劳动教育在课程中的全面融入，以及开发和建设专业的劳动教育课程。高校教师要坚持以马克思主义劳动观和新时代党对劳动教育的新要求为指导，强化对学生劳动观念的引导、劳动知识的传授、劳动技能的训练、劳动实践的指导和劳动情怀的培养，促使学生形成正确的劳动观念、具备必备的劳动技能、培育积极的劳动精神，让学生尊重劳动、热爱劳动、崇尚劳动。同时，教师在履行指导职责时也要兼顾全过程监督与评价，劳动教育评价的具体内容将在第四章详细阐述。

第四节　学生层面的学习职责

劳动教育是为学生的全面发展服务的。劳动教育既能让学生不断认识和检验自己的能力和才干，逐渐理解劳动在自己未来生活中的地位和作用，并恰当地评估自己的力量和发展的可能性，又能让学生通过树立劳动最光荣、劳动最崇高、劳动最伟大、劳动最美丽的观念，弘扬民族精神，发挥中华民族优良传统，成为担当民族复兴大任的时代新人。开展劳动教育不仅需要靠学校、学院和教师的支撑和指导，更需要学生自己履行学习职责，激发劳动主体意识，发挥劳动主动性、自觉性和积极性，汲取劳动知识，养成劳动习惯，锻炼劳动能力，领悟劳动精神，全面提升个人劳动素养。

一、主动汲取劳动知识

劳动知识是劳动教育的基础，通过掌握具体劳动知识，能解决实践问题，夯实劳动素养，提升知识基底。学生在校生活和学习中要主动获取劳动教育的相关信息，阅读劳动教育经典书籍和报刊，积极参与劳动教育活动，并及时做好总结汇报。劳动知识获取可以通过以下渠道获得。

（一）积极获取信息

学生可通过劳动教育专题讲座、课程研习、主题演讲等活动主动获取相关劳动知识信息。例如，通过学校官网、公众号、宣传展板、询问相关负责人等多种方式，获取活动开展时间、地点、主题等信息，并向其他人进行宣传和告知，号召更多同学一起学习。

（二）系统阅读经典

系统学习关于劳动教育的重要论述、经典书目和篇目。在阅读中应做好读书笔记，写好读书感悟，以深化个人思想认识。

（三）主动参加活动

主动参加专题讲座、课程研习、主题演讲等劳动教育相关活动。参加活动时积极做记录、谈感悟。做记录主要记录劳动教育活动的主题以及核心内容；谈感悟应围绕活动主题，并结合自身劳动实践，将感悟谈实、谈深。

（四）乐于汇报分享

在阅读书籍和参加活动后，学生个人可以主动与教师或同学分享所读所思，也可以由教师或相关负责人组织分享会、座谈会，为学生提供面对面交流的平台，实现师生、生生之间互学互促。

二、自觉践行劳动实践

劳动教育不是刻意、强制的观念和行为，而是依存于自觉意识、自觉追求和自觉行为过程中的，应该把劳动的理念和行为渗透到生活、学习、工作的各个环节中，使之成为一种生存方式。《关于全面加强新时代大中小学劳动教育的意见》提出"以日常生活劳动、生产劳动和服务性劳动为主要内容开展劳动教育"。在高校开展劳动教育也应让学生投入以上三个方面，养成劳动习惯，全面锻炼并提高劳动能力。

（一）积极开展日常生活劳动实践

学生应常态化地开展劳动实践，通过生活劳动，保持良好的个人卫生习惯，完成个人物品整理、清洗，自觉做好宿舍清扫和垃圾分类，增强义务劳动意识。通过责任劳动，保持公共环境，不损坏各种设施和劳动工具、不随意丢弃固体垃圾，不在公共场所喧哗吵闹、不围观起哄等，养成尊重劳动和热爱劳动的意识。通过巩固良好劳动习惯，提高劳动自立自强能力，共创一个安静、整洁、卫生、舒适的学习生活环境。

（二）认真完成生产劳动实践

学生应在真实的生产环境和社会工作中开展劳动实践活动，体验生产劳动过程，保质保量地完成教师或相关负责人分配的生产劳动任务，运用所学知识解决实际问题，以提升专业劳动能力。人文社会科学类专业学生要将生产劳动实践与专业实习、社会实践、田野调查、毕业实习、毕业论文等进行有机结合，自然科学类专业学生的生产劳动要结合生产实习、专业实习、工程实训、毕业设计等进行开展。

（三）踊跃参加服务性质的劳动

学生应主动报名和申请加入带有公益性质和志愿性质的劳动，通过参加服务性劳动，强化个人公共服务意识和主动奉献精神，提高综合劳动能力。公益性劳动实践多集中在校内，如教室、食堂、校园场所的卫生保洁、绿化美化和管理服务等；志愿服务性社会实践需要学生深入基层、深入乡村，包括"三支一扶"、大学生志愿服务西部计划、"青春红色逐梦之旅"、"三下乡"等活动和项目。

三、积极锻炼劳动技能

劳动技能的学习是劳动教育的重要内容。实际运用劳动技能可以帮助学生巩固理论知识，将课本理论转化为劳动实践，同时运用劳动技能的综合过程能让学生自己发现真实问题并思考解决方法，激发学生的劳动潜力，进而熟练掌握、综合迁移、创新创造劳动方式和技能,成为勤于劳动、善于创新的劳动者。根据高校学生学习需求和社会发展对人才的要求,学生应积极锻炼并不断提高以下三方面的劳动技能。

(一)夯实专业性劳动技能

专业性劳动技能是学生在专业教育中必备的核心技能,学生通过将理论知识技能化以及劳动技能理论化不断夯实专业基础。理论知识技能化即用生产原理和操作流程说明等理论知识指导学生使用劳动技能;劳动技能理论化即在使用劳动技能过程中提炼和优化原始的专业知识,二者相辅相成。

(二)扩充综合性劳动技能

综合性劳动技能包括单项综合性劳动技能和职业综合性劳动技能两类,单向综合性劳动技能包括考取普通话等级证书、外语等级证书、计算机等级证书、汽车驾驶证、游泳等级标准等。职业综合性劳动技能包括考取各类职业资格证书,如导游资格证书、律师资格证书、教师资格证书、心理咨询师证书、茶艺师资格证书、景观设计师资格证书等。通过锻炼多样化的综合性劳动技能,成为掌握多种技能的复合型人才。

(三)提升创造性劳动能力

学生在专业实践中应勇敢尝试新方法、探索新技术、解决新问题,同时学生也可以多次参加诸如"互联网+"大学生创新创业大赛、"挑战杯"中国大学生创业计划竞赛、国家级大学生创新创业训练计划项目等,着重培养个人创新精神和实践能力。同时依托学校的创新创业教育,学生要善于在新时代、新形势、新背景下开展创造性劳动,充分发挥新观念、新思想、新途径,革新劳动理念和劳动方式,发展新业务,打开新局面。

四、深刻领悟劳动精神

学生在学习和掌握基本劳动知识技能的过程中,应深刻领悟劳动的意义价值,形成勤俭、奋斗、创新、奉献的劳动精神。前文已详细阐述了学生通过学习专业知识、参与劳动实践、锻炼劳动技能等"置身其中"的方式,经历劳动过程并体悟劳动精神。除此之外,学生也可以通过观察、记录和分享等"置身其外"的方式总结并感悟劳动精神。

(一)作为劳动观察者,要善于观察生活中的劳动群体

在学习和生活中关注各行业劳动者,留意不同劳动群体的劳动特点、劳作方式、劳动品质,参观基层社区、实训基地以及其他生产劳动场所。体会劳动者坚守岗位、吃苦耐劳、迎难而上、挑战创新等品质,增进与普通劳动者的感情,拓展劳动知识,提升劳动技能,养成劳动自觉。通过观察职业世界,学生能够树立正确的劳动观,理

解劳动成就梦想、劳动开创未来。在平凡的劳动岗位上做出不平凡的业绩，从而为走入社会做好职业和思想准备。

（二）作为劳动记录者，要乐于记录实践中的所见所闻

在实际劳动实践中，可能会面临复杂的情况，如个人在专业实习中出现紧急突发情况、科研项目开展遇到瓶颈，或者在参观过程中发现问题等，学生需将其记录下来，向他人学习或自己探寻解决方法，并进行总结与反思，以寻求突破和创新。

（三）作为劳动分享者，要乐于分享劳动中的收获感悟

积极开展分享会、座谈会、论坛等，或通过作品展示和演出汇报的形式进行相互学习，通过分享学生能够丰富劳动体验，深化劳动收获感悟，从不同的视角出发领悟劳动精神，在个人与他人的交流中进一步理解劳动现象、学习劳动思想、认识劳动本质。

第六章　劳动教育培养新时代合格劳动者

新时代劳动精神内涵丰富，坚持新时代劳动精神，遵循其基本要求，践行其基本内容，对大学生实现精神成人、完成人的社会化、顺利融入未来新生活有着重要意义；也为激发劳动者的劳动热情，投身新时代中国特色社会主义建设伟大事业，实现中华民族伟大复兴的中国梦提供精神动力和精神支撑。

第一节　新时代劳动精神的内涵理解

劳动精神，是指劳动者在劳动过程中所秉持的意识观念、表现的精神态度，以及形成的品质特色。劳动精神凝结了劳动对人类发展和社会进步的理性认知与感性实践。劳动精神是所有劳动者的共同特性，每一位劳动者都应该理解和领会劳动精神的内涵。

一、新时代劳动精神的形成基础

（一）马克思主义劳动思想是新时代劳动精神的理论基础

马克思主义认为，劳动是人类社会生存和发展最基本、最重要的实践。"整个所谓世界历史不外是人通过人的劳动而诞生的过程""劳动是整个人类生活的第一个基本条件，而且达到这样的程度，以致我们在某种意义上不得不说：劳动创造了人本身"。[①] 人具有自然属性和社会属性，是自然属性和社会属性的统一。劳动也具有二重性，促使人类从动物的自然属性转变为社会化的自然属性，在各类社会关系中再发展为人的社会属性。劳动是人类赖以生存的首要前提，劳动造就了人类，创建了人类生活，创设了社会关系，创造了美。

人的劳动不是抽象的，总是处于具体历史条件和历史阶段之中。在中国新民主主义革命和社会主义革命、建设和改革实践中，中国共产党人以马克思主义劳动价值论为指导，结合中国发展的实际形成了中国化的马克思主义劳动思想。

毛泽东在不同的历史时期都十分重视劳动生产。他指出："生产运动不但过去要，现在要，将来还是要，这是生产运动的永久性的根据。"[②] 在革命战争年代，中国共产党及军队在生活必需品供给方面遇到极大的困难，毛泽东主张"通过生产劳动实现军

---

① 马克思，恩格斯．马克思恩格斯文集（第 9 卷）[M]：北京：人民出版社，2009．
② 中共中央文献研究室．毛泽东文集 第 2 卷 [M]．北京：人民出版社，1994．

队的自给自足，满足吃、穿、用等日常的生活必需，批判那些不注意动员人民、帮助人民发展生产渡过困难，而只知道向人民伸手要东西的错误作风和做法"[①]。如1941年3月，八路军"三五九"旅在南泥湾开展了著名的大生产运动，诞生了南泥湾精神。

邓小平在和平与发展的时代主题背景下，从当时国内的社会主要矛盾"我们的生产力发展水平很低，远远不能满足人民和国家的需要"[②]出发，重视生产力的决定性作用，提出用发展生产力，尤其是"科学技术是第一生产力"，来破解我国社会发展的各类难题。1992年在南方谈话中指出，社会主义的本质是"解放生产力，发展生产力，消灭剥削，消除两极分化，最终达到共同富裕"。通过解放和发展生产力来满足人们日益增长的物质精神需求，实现劳动者的自由与发展；通过消灭剥削，消除两极分化，实现劳动关系的和谐与发展；通过倡导勤劳致富，"允许一部分人通过辛勤劳动、诚实经营先富起来，以先富带动后富"，实现劳动者劳动能力和劳动效果的优化与发展；通过团结全国人民，充分发挥劳动人民的积极性，克勤克俭，艰苦奋斗，实现"四个现代化"伟大工程。

江泽民在第三次科技革命迅猛发展的背景下，深化了对社会主义劳动及劳动价值的认识。在党的十六大报告中，明确指出"必须尊重劳动、尊重知识、尊重人才、尊重创造，这要作为党和国家的一项重大方针在全社会认真贯彻。要尊重和保护一切有益于人民和社会的劳动"[③]，把尊重劳动居于"四个尊重"的基础地位。

胡锦涛在社会主义荣辱观中明确提出"以辛勤劳动为荣，以好逸恶劳为耻"，强调"成就任何一项伟业都离不开劳动。要实现全面建设小康社会，进而基本实现现代化的宏伟目标，必须依靠全体人民热爱劳动、勤奋劳动"。[④]在全社会形成辛勤劳动的良好社会风气，树立劳动光荣的共同道德认识和评判。在2008年"经济全球化与工会"国际论坛和2010年全国劳动模范和先进工作者表彰大会上，指出"要切实发展和谐劳动关系，建立健全劳动关系协调机制，完善劳动保护机制，让广大劳动群众实现体面劳动"。[⑤]

党的十八大以来，习近平总书记丰富和发展了社会主义劳动思想，提出了系列观点。劳动的价值方面，习近平强调，劳动是财富的源泉，也是幸福的源泉。劳动是一切成功的必经之路。劳动是人类的本质活动，劳动光荣、创造伟大是对人类文明进步规律的重要诠释。实现中国梦，创造全体人民更加美好的生活，任重而道远，需要我们每一个人继续付出辛勤劳动和艰苦努力。人民对美好生活的向往，就是我们的奋斗目标。人世间的一切幸福都需要靠辛勤的劳动来创造。弘扬劳动精神方面，他强调，"一勤

---

① 中共中央文献研究室.毛泽东文集 第2卷[M].北京：人民出版社，1994.
② 邓小平著.邓小平文选 全3卷 第1卷 第3分册[M].北京：线装书局，1995.
③ 江泽民《全面建设小康社会，开创中国特色社会主义事业新局面》（2002年11月8日），《江泽民文选》（3）：540.
④ 胡锦涛.在2010年全国劳动模范和先进工作者表彰大会上的讲话[N].人民日报，2010-4-28.
⑤ 鲁宁.实现"体面劳动"应成为政府施政目标[N].嘉兴日报，2010-04-29。

天下无难事"。① 必须牢固树立劳动最光荣、劳动最崇高、劳动最伟大、劳动最美丽的观念，让全体人民进一步焕发劳动热情、释放创造潜能，通过劳动创造更加美好的生活。全社会都应该尊敬劳动模范、弘扬劳模精神，让诚实劳动、勤勉工作蔚然成风。构建和谐劳动关系方面，他强调，要坚持社会公平正义，排除阻碍劳动者参与发展、分享发展成果的障碍，努力让劳动者实现体面劳动、全面发展。要依法保障职工基本权益，健全劳动关系协调机制，及时正确处理劳动关系矛盾纠纷。我们要倡导勤劳俭朴、努力奋进的社会风气，让所有人的劳动成果得到尊重。

（二）中华民族劳动历史和文化是新时代劳动精神的历史基础

劳动精神是维系中华民族生存和发展的精神纽带，孕育在中华民族创造历史的劳动实践之中，积淀于中华民族5000年文明历史所孕育的中华优秀传统文化，党领导人民在革命、建设、改革中的革命文化，社会主义先进文化和中国特色社会主义伟大实践之中，反映了中华儿女崇尚劳动、尊重劳动的共同价值。

"中华民族是勤于劳动、善于创造的民族。正是因为劳动创造，我们拥有了历史的辉煌；也正是因为劳动创造，我们拥有了今天的成就。"② 勤劳是中华民族最基本的传统美德。劳动精神与中华民族尊重劳动和崇尚劳动的文化传统分不开，中华民族有盘古开天辟地、夸父追日、精卫填海、愚公移山等包含朴素劳动精神的神话传说，有神农尝百草、大禹治水、南泥湾、红旗渠、朱德的扁担、袁隆平等歌颂劳动的人物故事，有囊萤映雪、悬梁刺股等赞誉勤劳刻苦的成语典故，有"民惟邦本，本固邦宁""因民之所利而利之"等注重劳动者及劳动的价值的思想观念，有"坎坎伐檀兮，置之河之干兮""采菊东篱下"等生动描写劳动场景的文学作品，有"二十四节气"等凝结劳动经验的智慧结晶，等等。

历史赋予新时代劳动精神必须承载伟大而艰巨的时代使命，现实要求新时代劳动精神必须富有开创美好未来的创造活力。"实现我们的发展目标，不仅要在物质上强大起来，而且要在精神上强大起来。"工匠精神、劳模精神、"两弹一星"精神、红旗渠精神、塞罕坝精神、改革开放精神、航天精神、右玉精神等劳动精神资源，是践行社会主义核心价值观的生动体现，是中国特色社会主义文化的集中体现，是实现国家富强、民族振兴、人民幸福的更基本、更深沉、更持久的精神力量。

（三）中国特色社会主义事业是新时代劳动精神的实践基础

在中国共产党领导中国人民进行的中国特色社会主义事业过程中，广大劳动者奋勇拼搏、艰苦创业、真抓实干，这种持续的、强大的精神力量是新时代劳动精神生成的实践基础。中国特色社会主义进入新时代，社会稳定、经济繁荣、国力昌盛的背后，

---

① 习近平.习近平谈治国理政 第1卷[M].北京：外文出版社，2014.
② 习近平：让劳动光荣、创造伟大成为铿锵的时代强音[J].新西部（上），2018（5）：88.

是广大劳动者的付出与贡献。"社会主义是干出来的，新时代也是干出来的"，这句话简明有力地揭示了新时代劳动精神的真谛。

"新时代是奋斗者的时代，幸福都是奋斗出来的。"在《人民日报》的系列宣传片《中国一分钟》中，讲述了中国改革开放40年来发生的巨大变化和取得的成绩，也是我们再出发的信心和底气。一分钟，26人走上工作岗位；一分钟，网上商品零售额1043万元；一分钟，快递小哥收发7.6万件快递；一分钟，移动支付金额3.79亿元；一分钟，"复兴号"前进5833米；一分钟，"神威·太湖之光"运算750亿亿次；一分钟，创造GDP1.57亿元……不积跬步，无以至千里；不积小流，无以成江海。一分钟的努力，汇聚中国力量。改革开放的成就，源自每一分钟的积累，建设社会主义现代化强国，需要每一个人的努力。习近平总书记说，千千万万普通人最伟大，幸福都是奋斗出来的，普通的你我，成就中国奇迹。①

二、新时代劳动精神的价值意蕴内涵

（一）新时代劳动精神是社会崇尚劳动、尊重劳动、热爱劳动的价值导向

"崇尚劳动、尊重劳动、热爱劳动"是新时代劳动精神的核心，也是新时代劳动精神的根本属性和根本要求。崇尚劳动反映了人们及社会对劳动的立场和态度，是个体及社会对劳动产生的价值认同和追求、赞美和崇敬。尊重劳动反映了人们和社会对劳动及劳动者主体地位的正面、积极的价值评判和认同。热爱劳动反映了人民和社会对劳动的情感，表现为劳动者积极的劳动意愿、持久的劳动乐趣、向上的劳动锻炼、预期的劳动成果等方面。

社会历史时期不同，主客观历史条件不同，人们的劳动观念和思想也有所不同。但是有一点是非常明确的，只有理解和认识马克思主义劳动思想的科学内涵，意识到劳动是人的本质活动，是人类认识世界和改造世界、发展自身和社会文明的最基本的实践活动，是创造财富和获得自由幸福的源泉，才能认同、尊重和崇尚一切劳动以及所带来的个人和社会价值。虽然劳动分工、劳动方式具有时代个性特点以及差异性，但是无论时代条件如何变化，劳动本质是一样的，不存在劳动的高低贵贱，任何形式的劳动都应得到承认和尊重，每一个劳动者都应该得到认同和尊重，劳动权利和利益都应得到认可和保障。体力劳动和脑力劳动虽然形式不同，但是都实现个人价值和创造社会价值。一切有利于人民、国家、社会发展的劳动都值得尊重，任何劳动歧视和偏见都应该反对。

---

① 人民日报评论部编.人民日报评论年编2017人民时评[M].北京：人民日报出版社，2018.02.

（二）新时代劳动精神是劳动最光荣、劳动最崇高、劳动最伟大、劳动最美丽的价值追求

2018年4月30日，习近平总书记在给中国劳动关系学院劳模本科班学员的回信中写道："我一直强调，劳动最光荣、劳动最崇高、劳动最伟大、劳动最美丽。全社会都应该尊敬劳动模范、弘扬劳模精神，让诚实劳动、勤勉工作蔚然成风。"①

劳动最光荣。2016年4月26日，习近平总书记曾在知识分子、劳动模范、青年代表座谈会上说过，"劳动没有高低贵贱之分，任何一份职业都很光荣"。②劳动最光荣，是全体劳动者应有的价值立场，体现的是在劳动关系中，做出劳动贡献的劳动者及劳动价值得到肯定和认同。弘扬劳动精神就是要发扬无私奉献精神和服务他人意识，培育社会主义核心价值观，同各种好逸恶劳的错误思想彻底割裂开来，时刻警惕不劳而获、投机取巧、贪图享乐等错误观念。

劳动最崇高。2015年4月28日，习近平总书记在庆祝"五一"国际劳动节暨全国劳动模范和先进工作者大会上说道"在我们社会主义国家，一切劳动，无论是体力劳动还是脑力劳动，都值得我们尊重和鼓励；一切创造，无论是个人创造还是集体创造，也都值得尊重和鼓励。"③劳动最崇高，肯定了劳动者创造的成果，肯定了劳动者自身的价值。新时代劳动者是全面建成小康社会、坚持和发展新时代中国特色社会主义的主力军，同时也是劳动精神的继承者和践行者。

劳动最伟大。2015年4月28日，习近平总书记在庆祝"五一"国际劳动节暨全国劳动模范和先进工作者大会上说道："中华民族是勤于劳动、善于创造的民族，正是因为劳动创造，我们拥有了历史的辉煌；也正是因为劳动创造，我们拥有了今天的成就。"④劳动最伟大，体现在劳动实践推动人类社会进步，成就历史辉煌。中国改革开放40多年的伟大成果是靠千千万万中国人民辛勤劳动创造的，不是凭空想象出来的，也不是等得来、喊得来的，而是拼出来、干出来的。新时代进行的伟大斗争、伟大工程，推进伟大事业，实现伟大梦想，都离不开新时代劳动精神，并始终贯穿于中国特色社会主义事业的方方面面，成为激励全党全国各族人民奋发图强、勇于前进的强大精神支柱。

劳动最美丽。2013年4月28日，习近平到全国总工会机关同全国劳动模范代表座谈并发表重要讲话："人世间的美好梦想，只有通过诚实劳动才能实现；发展中的

---

① 习近平：给中国劳动关系学院劳模本科班学员的回信[N]：光明日报，2018-05-01.
② 习近平.在庆祝"五一"国际劳动节暨表彰全国劳动模范和先进工作者大会上的讲话[N].人民日报，2015-4-29.
③ 习近平.在庆祝"五一"国际劳动节暨表彰全国劳动模范和先进工作者大会上的讲话[N].人民日报，2015-4-29.
④ 习近平.在庆祝"五一"国际劳动节暨表彰全国劳动模范和先进工作者大会上的讲话[N].人民日报，2015-4-29.

各种难题，只有通过诚实劳动才能破解；生命里的一切辉煌，只有通过诚实劳动才能铸就"。① 劳动最美丽，是劳动者在认识和改造世界的过程中，劳动精神外化和物化所展示的劳动之美。"最美乡村教师""最美逆行者"等无数新时代奋斗者在平凡的岗位上成就不平凡的人生，在辛勤劳动中实现自我价值和社会价值的统一。新时代、新征程、新作为，我们要撸起袖子加油干，用实干精神、担当精神助推中国梦的实现。

（三）新时代劳动精神是辛勤劳动、诚实劳动、创造性劳动的社会价值实践

辛勤劳动是诚实劳动、创造性劳动的前提和基础。劳动创造财富，劳动成就未来。只有辛勤劳动才能在最大程度上实现劳动者的价值。辛勤劳动反映勤奋、敬业、苦干、实干的精神，是劳动者的基本要求。新时代劳动精神，尤其是以"爱岗敬业、争创一流，艰苦奋斗、勇于创新、淡泊名利、甘于奉献"为核心的劳模精神，激励着人们用辛勤劳动创造美好生活，实现中华民族伟大复兴中国梦。

诚实劳动是辛勤劳动和创造性劳动的根本。诚实劳动是指劳动者在劳动过程中脚踏实地，遵守职业道德职业规范，遵守法律法规及政策，实事求是获得劳动成果。继承和发扬新时代劳动精神，诚实劳动是重中之重，只有诚实劳动之花，才能结出辛勤劳动和创造性劳动之果，才能推动国家、社会的积极进步、良性发展。

创造性劳动是辛勤劳动和诚实劳动的创新发展。创造性劳动是指首创性、创新性劳动，包括人类历史上各种发明与创新，如我国的"四大发明"、黄道婆纺织工具和技术的研发和推广、蒸汽机等技术革命，等等。继承和发扬新时代劳动精神，创造性劳动是发展的必然要求。在倡导大众创业、万众创新的背景下，劳动者只有具备艰苦奋斗实事求是的劳动精神、精益求精的工匠精神和敢为人先、敢闯敢试的创新精神，才能破除故步自封，牢牢紧跟时代，开创中国特色社会主义事业新篇章。

（四）新时代劳动精神是幸福感的社会文化价值体现

劳动精神是人的自由全面发展的核心价值。劳动作为人的本质精神而具有价值，作为人的最基本权利而被赋予价值，作为获得幸福的生命体验而体现价值。劳动是人类的本能，是一种积极的天性，是在人类进化、社会进步和文明发展演化过程中凸显出来的一种竞争优势。从生物进化方面来看，在人类演化过程中，会使用劳动工具、经常劳动并热爱劳动的人类，更容易掌握和提高认识世界和改造世界的技术和能力，更方便和频繁地与自然界进行物质交流、与他人进行对话交流，从而更容易适应外界环境，更容易繁衍和生存下来。从社会进步来看，那些愿意为家人、他人、社会和国家辛勤劳动、服务奉献的人，往往更有成就、更加富裕、更加幸福。从文明发展来看，越是尊重劳动和劳动者，维护和保障劳动者的合法权利，劳动异化现象就越少，劳动

---

① 习近平. 在同全国劳动模范代表座谈时的讲话[N]. 人民日报, 2013-4-29.

的获得感、存在感和幸福感就越强,劳动关系就越和谐,社会精神文明程度就越高。

新时代劳动精神弘扬和体现社会主义核心价值观。劳动精神是社会主义核心价值观的应有之义。改革开放的成果、中国梦的实现等"根本上靠劳动,靠劳动者创造"。只有全社会树立崇尚劳动、尊重劳动和热爱劳动的劳动观念,积极参加劳动实践,才能确保"富强、民主、文明、和谐"核心价值真正被接受和认可、"自由、平等、公正、法治"核心价值真正得以实现。只有全体劳动者树立正确的劳动态度,严格遵守社会主义职业道德及基本规范,切实做到爱岗敬业、诚实守信、办事公道、服务群众、奉献社会,才能确保"爱国、敬业、诚信、友善"核心价值真正落到实处。

第二节　坚持劳动精神对于大学生成才的重要意义

坚持新时代劳动精神既是国家战略部署、时代发展需要,也是大学生实现精神成人、完成人的社会化、顺利融入未来新生活的前提。

一、弘扬新时代劳动精神具有特殊的时代意义

（一）弘扬新时代劳动精神是培养德、智、体、美、劳全面发展的合格的社会主义接班人的题中之义

弘扬新时代劳动精神是新时代条件下爱国主义教育的重要内容。当今世界格局正发生着深刻变化,新的世界政治秩序和经济秩序均正在形成之中,这种国际形势对正在崛起的中国而言既是机遇又是挑战。中国正借这个难得的机遇期快速融入世界体系,提升自己的话语权和影响力。但同时以美国为首的西方发达国家遏制中国发展的企图已经逐步从原来的"犹抱琵琶半遮面"演变成"掀起你的盖头来"。对生活在当今时代的大学生而言,我们直接见证着祖国的伟大复兴,同时也是这场国家实力角逐的参与者。国家的明天在青年身上,这句话在当今时代具有鲜明的现实意义。唇亡齿寒,今天的青年成长得怎么样、发展得怎么样,直接决定着国家和民族的未来。这也是我们弘扬新时代劳动精神的主旨所在。

弘扬新时代劳动精神是全面提升国民素养、确保国家竞争优势的重要举措。21世纪国家竞争的核心是人才的竞争,基础是劳动者数量和素质问题。随着人口老龄化趋势的日益严重,经济发展的"人口红利"正在逐步消失,加快推进从"人口红利"向"人才红利"的转变,是有效推动我国经济社会高质量发展的关键举措。同时,根据人口普查数据,我国国民受高等教育的人口比重还相对比较低,高素质的技工人数缺口较大,国民素质与经济社会发展需要之间的差距仍比较大。弘扬新时代劳动精神正是在这种严峻形势下的重大决策,将会对我国国民素质的全面提升产生深远影响。

（二）弘扬新时代劳动精神是科技革命带来的必然结果

以互联网、大数据、云计算、物联网、人工智能为代表的科技革命正在改变着当代人的生产方式和生活方式。首先，我国的经济发展进入新常态，产业结构加速调整，产业更新换代加快，第一、第二产业对所从业劳动者的知识和技能诉求越来越高，大量普通生产性劳动者逐步被智能化机器、智能设备等替代，第三产业的竞争越加激烈，无特色、低技术含量的服务性劳动的生存空间受到严重压缩。其次，新的科技革命使劳动者摆脱繁重体力劳动成为可能，逐步淡化了脑力劳动和体力劳动的分野，同时更加强调劳动者需具备科学精神、文化素养、创新精神等创造性劳动的能力或潜力，对新时代劳动者提出了更高要求。最后，新科技革命增强了人类利用和改造自然的能力，同时深刻改变着人类的生活方式。智能时代，万物互联，人类享受着前所未有的由科技带来的生活便利，但同时也面临着被技术所"奴役"，脱离大自然的困境。我们会明显发现，活在当下的人们在由技术建构的网络空间生活和工作的时间越来越多，同时人与人之间、人与自然之间现实接触的时间越来越少。从而，科技革命给人类带来的利与弊的问题最终直指人之为人的问题，而弘扬新时代劳动精神，提倡"劳育"，正是解决这个问题的良方。

二、弘扬新时代劳动精神对大学生成长成才的意义

（一）坚持新时代劳动精神是大学生精神成人的重要条件

大学生活的几年是大学生世界观、人生观、价值观形成的关键，是大学生精神成人的关键期。马克思在《资本论》中指出："未来的教育对所有已满一定年龄的儿童来说，就是生产劳动同智育、体育相结合，它不仅是提高社会生产的一种方法，而且是培养全面发展的人的唯一方法。"[①] 马克思的教导对当代大学生同样适用。德育、智育、体育、美育、劳育是促进人全面发展的不可或缺的五个方面。其中，"劳动教育是国民教育体系的重要内容，是学生成长的必要途径，具有树德、增智、强体、育美的综合育人价值。"坚持新时代劳动精神，通过劳动教育，可以使大学生理解和形成马克思主义劳动观，拥有健康、积极的劳动精神面貌，科学的劳动价值取向，获得个人发展所需的劳动技能水平。

坚持新时代劳动精神使我们具备了沟通主观世界和客观世界的能力。新时代劳动精神既是对传统劳动观念、劳动价值、劳动方式等的扬弃性继承，又是对新的时代条件下人类生产方式、生活方式反思之后对传统劳动精神的继承性发扬。可以说，坚持新时代劳动精神是现代人精神成人的重要组成部分。弘扬新时代劳动精神，坚持劳动实践，是大学生促进个人主客观世界相统一的重要路径。

---

① （德）卡尔·马克思；何小禾编译. 资本论 [M]. 重庆：重庆出版社，2014.

(二)坚持新时代劳动精神是大学生完成人的社会化的重要路径

坚持新时代劳动精神,劳动实践是大学生正确认识和处理本我与他人、与社会、与自然关系的天然媒介。劳动教育是一个天然媒介,可以使我们能够保持动态地与他人交往,更好地融入社会生活,更科学地理解并践行与自然的关系。劳动是大学生个人创造价值,并且个人价值得到他人、社会认同的先决条件。

坚持新时代劳动精神,劳动实践是大学生个人价值得以实现的重要保障。坚持劳动精神,关键是激发个体的自觉意识,不仅要使个体获得劳动知识、技能,培养个体的劳动观念、情感,而且要使个体意识到劳动是个人在社会上的立足之本,是个人获得自由和幸福生活的前提。坚持新时代劳动精神,能让大学生更加清晰地把握时代的脉搏,了解世界和国家发展大势,了解国家和社会发展需要什么样的劳动者,进而促使大学生针对性地培养自己,实现个人价值和社会价值的趋同。也就是说,坚持新时代劳动精神,是大学生理性审视国家和社会发展需要之后,大胆追求个人价值,并且自觉把个人价值的实现融入国家和社会发展的过程。追求个人价值实现的过程,同样也是大学生实现人的社会化的过程。

(三)坚持新时代劳动精神是大学生顺利融入新生活的重要保障

坚持新时代劳动精神是大学生顺利融入社会生活的基本前提。科学研究表明,劳动教育在磨炼人的意志、培养劳动者形成健康生活习惯、遵守社会规则、珍惜劳动成果等方面具有特殊作用。劳育对劳动者品行、修养和成才等的作用,古今有许多经典评断。其中,苏联著名教育家凯洛夫在其《教育学》中就曾明确指出:"劳动使一个人的道德变为高尚,使他习惯于小心地对待劳动工具、器械和产品,重视书籍及其他精神文化和物质文化的物品,尊重任何一种职业的劳动者,仇视那些寄生虫和剥削者、二流子、怯懦者和懒汉。"[1] 也就是说,劳动不仅是一种谋生的手段,而且是人全面发展的必需。

坚持新时代劳动精神是大学生顺利融入职场生活的重要保障。在现代社会,普通人的一生一般有近 40 年的职业生活,即都要在各种不同的工作岗位上度过。职业既是养家糊口的需要,又是个人价值实现的平台。职业生活一般都对劳动者的职业态度、职业技能、职业习惯等有特别的要求。坚持新时代劳动精神,践行劳动,既能够使大学生养成诚实合法的劳动意识,形成良好的劳动习惯,又能够使大学生较为准确地判断国家和社会发展需要,进而自觉针对性地培养满足生存发展需要的基本劳动能力和特定职业的核心能力,为大学生顺利融入职场生活奠定良好基础。

坚持新时代劳动精神是判断网络生活是否适度的重要依据。网络生活已经成为大学生生活中不可或缺的一部分,"网络劳动"也是大学生现实劳动的重要补充。如何

---

[1] (苏联)凯洛夫著;沈颖,南致善等译.教育学[M].北京:人民教育出版社,1953.

合理定位网络生活、分配网络生活时间、规避网络生活的弊端等是我们必须要面对的现实问题。网络生活是科技发展的结果，是依托科技建构的对现实生活场景的网络虚拟化的表达。目前，有一些人分不清现实和虚拟，以虚拟生活替代现实生活，结果迷失在网络世界中不能自拔。坚持新时代劳动精神，践行劳动，一方面可以使大学生清晰地认知网络虚拟生活的本质，理论上不被"虚拟"的技术所"奴役"；另一方面可以使大学生通过劳动在现实世界中建构良性的人际关系，乐于接纳自然、享受自然，在实践中增强对"虚拟"技术的把控，做技术的"主人"。

第三节　新时代劳动精神的基本要求

劳动教育是培养人的劳动价值观、劳动认知、劳动技能，提升人的劳动素养的教育过程，以促使人形成正确的劳动价值观和良好的劳动素养为教育目的。劳动教育着眼于人的全面发展，首先重视人的劳动观念、劳动态度等劳动价值观的养成，是劳动教育的思想基础；其次强调人应当把情感融于劳动，重视劳动，认同劳动，形成劳动教育的情感基础；最后，秉承劳动教育的目的，强化人的劳动惯性，达成劳动教育良性循环的实践基础。

学校是弘扬社会主义核心价值观的主阵地，担负着引导学生形成科学世界观、人生观、价值观的使命。学校塑造学生劳动价值观的过程，应该把抽象的说教转变为具体的行动，把强制性安排转变为自觉性引导。其中，让学生深刻领会通过劳动对国家、社会和他人做出贡献来评价人生价值的基本尺度非常重要。学校开展劳动教育的主要目的就是要在学生的心中种下劳动的种子，帮助学生培养良好的劳动素养，养成"尊重劳动，热爱劳动，辛勤劳动，诚实劳动，创造性劳动"的劳动习惯。新时代劳动精神的核心在于塑造劳动价值观，主要体现在以下几方面：

一、思想认识到位，是形成新时代劳动精神的关键

劳动精神从根本上讲是思想认识问题，反映的是思想认知和价值认同。改革开放后，我国在义务教育阶段有一定的生活型劳动教育引导，但未设置针对性的劳动教育课程；在高中教育阶段，由于受升学率的影响，学校通常更关注学生的学业成绩，劳动教育被边缘化；在高等教育阶段，劳动教育分层更为复杂，在研究型高校通常都重视思维训练，忽视专业技能训练，更不用说普通的生活型劳动教育，而在技能型高校相对侧重于学生专业技能、技巧的训练，但普通的生活型劳动教育相对缺乏。譬如，大学校园里，常常出现大学生"花钱买（生活型）服务"的现象，这种劳动引导的缺失使大学生在校期间应有的生活型劳动锻炼被替代，部分大学生的劳动情感和劳动态度被淡化。

学生生活型劳动教育的缺少与家庭教育也有密切关系。当前家庭教育中存在着一种较为普遍的错误认识，即学生应当把学习成绩作为首要目标甚至是唯一目标，他们日常学习任务已经很重，不能再让其承担家务劳动。这既可能是受到"万般皆下品，唯有读书高"传统思想的影响，又可能是父母过度溺爱孩子。这种认识偏差造成孩子们从小轻视劳动、不愿劳动，个人得失心太重，甚至养成以自我为中心的坏习惯，严重的会导致性格孤僻、抗挫折能力差等现实问题。

目前存在的学校劳动教育弱化、家庭劳动教育软化、社会劳动教育淡化、劳动教育研究虚化等困境有许多现实例子。譬如，受到西方个人主义、享乐主义、拜金主义等错误思潮冲击，贪图享乐，好逸恶劳；热衷于超前消费，相互攀比，甚至挥霍无度；不肯吃苦、害怕受累，缺乏必要的创新创业能力；择业盲动，片面追求高薪酬、好待遇，频繁跳槽；鄙视体力劳动者，存在爱慕虚荣、铺张浪费的现象等。上述轻视劳动、不珍惜劳动成果的表现，归根结底，就是大中小学长期以来对劳动教育的思想认识不到位、劳动教育缺位甚至缺失所导致的。

因此，引导大学生崇尚劳动、尊重劳动，形成价值认同非常重要。可以让他们在学习专业知识和技能过程中体会"干中学"的乐趣，理解劳动不分贵贱，理解脑力劳动和体力劳动的依存关系，理解工作分工的意义，从而形成尊重劳动、热爱劳动、崇尚劳动的劳动价值观。

二、情感认同到位，是形成新时代劳动精神的基础

劳动创造了世界、创造了人类，是推动人类社会发展的根本动力。中华民族五千年文明史就是一部波澜壮阔的劳动史诗，一代代中国人正是在劳动的感召下，不断奋斗，创造了辉煌的历史成就。

近年来，在教育实践中，很大程度上、很大范围内存在着轻视劳动、鄙视劳动的现象；造成一些青少年不珍惜劳动成果、不想劳动、不会劳动、自理能力差、不想干家务、不爱参加集体劳动等问题。这些存在的问题和现象，势必影响学生综合素质的全面提升，影响社会主义建设者和接班人的质量成色，影响党和国家事业的兴旺发达。我们应把加强劳动教育作为强国富民的大事来抓，进一步把握育人导向，遵循教育规律，强化综合施策，在弘扬劳动精神、培养劳动能力上下功夫。

一方面，要深化对劳动与劳动教育内涵的认识，即劳动是一种付出、实践的过程，是面对真实问题的探索与解决的过程，是促进学生社会化的过程。着力培育学生尊重劳动的价值观，培育学生对劳动的内在热情。国内学者檀传宝认为，学校劳动教育出现了三种畸变，即畸变为技艺学习、畸变为休闲娱乐、畸变为惩罚手段，导致一部分学生缺乏劳动意识、不会劳动、轻视劳动甚至鄙视劳动、不珍惜劳动成果的现象。"劳动改变命运、劳动创造财富、劳动点亮智慧、劳动提升品质、劳动缔造幸福"的观念在学生的意识中缺失。习近平总书记在劳动模范和先进工作者大会上说："在我们社

会主义国家,一切劳动,无论是体力劳动还是脑力劳动,都值得尊重和鼓励;一切创造,无论是个人创造还是集体创造,也都值得尊重和鼓励。全社会都要贯彻尊重劳动、尊重知识、尊重人才、尊重创造的重大方针,全社会都要以辛勤劳动为荣、以好逸恶劳为耻,任何时候任何人都不能看不起普通劳动者,都不能贪图不劳而获的生活。"

另一方面,要引导受教育者发扬艰苦奋斗精神,坚决抵制拜金主义、享乐主义的思想,做到积极进取、敢于拼搏。高校劳动教育最核心、最本质的价值目标应该是:"培育学生尊重劳动的价值观,培育受教育者对于劳动的内在热情与劳动创造的积极性等劳动素养。"

尊重劳动,既要尊重劳动者和其劳动成果,又要尊重劳动行为。对劳动的尊重能够让劳动者感受到尊严、体面,感受到认同,从而能够引导劳动者自觉把个人劳动融入国家和社会发展的伟大实践中,以主人翁的姿态,焕发劳动热情,创造劳动价值,积极投入中国特色社会主义现代化的建设之中。

三、实践行为到位,是落实新时代劳动精神的目的

有了认知基础,有了情感认同,关键就是要培养劳动能力和养成劳动的好习惯。现在的大学生,最需要的是动手实践能力的培养。由于长期的唯分数论,很多大学生只重视知识的机械记忆,忽视动手技术的掌握,成为知识的搬运工,于是就出现了社会需要的大学生多,而毕业的学生又找不到满意工作的尴尬局面。因此,劳动能力培养的关键是"动手实践、出力流汗,接受锻炼、磨炼意志",形成动手与思考并重的能力和习惯。新时代提倡的工匠精神就是手脑并用的典范,它是基于职业技能导向的职业精神,源于匠人对劳动产品品质的精益求精、极致追求,符合新时代条件下对劳动者爱岗敬业、创新创造、专注执着、情感融入等劳动素养的要求。

养成良好的劳动习惯是劳动教育良性循环的重要保障。每一位劳动者,无论从事什么劳动,都要发扬持之以恒的精神,养成"干一行、爱一行;钻一行、专一行、精一行"的劳动习惯,决不能像"猴子扒苞米",一件事没干彻底又去干别的事情,决不能做"浅尝辄止""只知其然不知其所以然"的事情。要养成兢兢业业、勤勤恳恳,尽职尽责,忠于职守的习惯,决不能做"这山望着那山高""吃着碗里的、看着锅里的、想着田里的",一心追名逐利的事情。要养成细心严谨、不断琢磨、创新创优、精益求精的习惯,决不能马马虎虎、得过且过、因循守旧。

第七章　引导学生继承新时代劳模精神

劳动模范是时代的先锋、民族的楷模，他们以对事业无限热爱、对祖国无限忠诚的赤子之心，在自己的岗位上辛勤劳动，以超出常人几倍甚至几十倍的努力，为国家、民族、社会创造了巨大的经济效益和社会效益，为中华民族积累了宝贵的精神财富，激励了一代又一代的人民，奋发图强，无私奉献。深入考察劳模精神的丰富内涵，清晰阐释劳模精神的内在逻辑，准确判断劳模和劳模精神研究的学术方位，对于解读劳模本质、探究劳模品格、宣传劳模价值和弘扬践行劳模精神，具有重要的理论价值和重大的实践意义。本章主要阐述了新时代劳模精神的内涵、劳模精神的核心要素、新时代劳模精神的具体表现三个方面的内容，在此基础上，重点论述了新时代劳动模范的行动指南，介绍了新时代劳动模范典型人物先进事迹。

第一节　新时代劳模精神的内涵理解

一、新时代劳模精神的总体概述

劳模精神是指在平凡岗位上做出不平凡业绩所坚守的基本信念、价值追求、精神风貌及其人生境界。社会学家艾君认为，劳模精神实际上折射出一个时代的人文精神，反映出一个民族在某一个时代的人生价值和思想道德取向。习近平总书记指出，劳动模范身上体现出的"爱岗敬业、争创一流，艰苦奋斗、勇于创新，淡泊名利、甘于奉献"的劳模精神，[①]是伟大时代精神的生动体现。其中，爱岗敬业是本分，争创一流是追求，艰苦奋斗是作风，勇于创新是使命，淡泊名利是境界，甘于奉献是修为。做一个守本分、有追求、讲作风、担使命、有境界、有修为的人，是每一位劳模的精神风范，更是每一位劳动者应该追求的目标。

二、新时代劳模精神的具体内涵

劳模精神生动体现了马克思主义劳动观，是推动社会发展和实现精神文明的必然产物。马克思认为"全部人的活动迄今都是劳动"。[②]马克思把劳动比喻成整个社会为

[①] 习近平. 在知识分子、劳动模范、青年代表座谈会上的讲话 [N]. 人民日报，2016-04-30.
[②] 马克思：《1844年经济学哲学手稿》，载《马克思恩格斯全集》（第42卷），人民出版社，1979.

之旋转的太阳，劳动是人类生存的本质，人类的发展过程就是劳动的发展史。社会主义制度下，劳动者通过自己的劳动肯定自己，在劳动中真正体现自主性，体现人与人的平等关系，在劳动中感受幸福，这为劳模精神的产生与发展提供了重要前提与基础。劳模精神是社会主义劳动者在劳动中推动社会发展和实现精神文明的产物，在中国特色社会主义发展进程中不断焕发强大的生命力、创造力、感染力、凝聚力，在中华民族富起来、强起来的伟大历史进程中发挥了重要作用。

劳模精神继承了中华民族文化基因，传承了中华优秀传统劳动文化的精髓。在中华传统文化中，一向推崇对劳动实践的认同、对劳动精神的传承、对劳动文化的传播。远古时代广为流传的钻木取火、神农氏教民稼穑、大禹治水的劳动故事；明朝时期宋应星所著的《天工开物》收录了农事及手工制造诸如机械、兵器、火药、纺织、染色、制盐、采煤等技术，集中体现了古代劳动人民在自然科学、工业制造等方面的劳动创造和发明成就。中华儿女那种艰苦奋斗、甘于奉献、不为名利的劳动精神成为创造民族辉煌的根本力量和推动民族继续向前发展的精神支柱，在中华优秀传统文化中熠熠生辉。

劳模精神是中国共产党在不同历史时期的宝贵精神财富，引领着新时代价值。新民主主义革命时期，一批批劳动模范，在发展革命根据地社会经济建设中发挥了巨大的示范作用，为革命取得最后胜利奠定了扎实的社会基础。社会主义建设时期，劳动模范以无私奉献、团结苦干的精神积极投身于经济建设中，对树立正确的社会主义劳动观念起着重要的推动作用。改革开放以来，广大劳动群众发扬吃苦耐劳、艰苦奋斗的高尚品格，践行业务精湛、敢为人先、锐意进取、开拓创新的劳模精神，创造了一个又一个中国奇迹。进入新时代，在中国共产党的领导下，中国人民以实干兴邦的劳动精神，继续谱写中国特色社会主义伟大事业的新篇章，劳模精神、劳动精神、工匠精神成为社会热词，劳动最光荣、劳动最伟大、劳动最崇高、劳动最美丽成为时代强音，为实现中华民族伟大复兴提供了崇尚劳动的价值引领。

劳模精神集中凸显了工人阶级的先进性与主人翁意识。劳动模范作为工人阶级的优秀代表，他们以辛勤、诚实和创造性的劳动，持续推动着社会进步、国家发展和民族复兴。劳模精神作为劳动模范的思想内核、行动指南和精神灯塔，成为推动时代前进的强大精神动力，充分体现了工人阶级先进性的主体地位，彰显了工人阶级的伟大品格。主人翁意识是劳模精神的内在本质，正是因为自觉的、强烈的主人翁意识，劳模以单位为家、以国为家，具有强烈的责任感与使命感，在本职工作中充分发挥积极性、主动性和创造性，淡泊名利、甘于奉献、追求卓越，自觉把人生理想、家庭幸福融入国家富强、民族复兴的伟业之中，最终建构起个人与集体、个人梦与中国梦、小家与国家相互统一的发展共同体和命运共同体。

劳模精神生动诠释了社会主义核心价值观。岗位意识、敬业精神、拼搏进取、开拓创新、家国情怀和奉献精神等是劳模精神的重要元素和构成因子，是对社会主义核心价值观的生动诠释和现实呈现。劳模能够主动自觉地遵循并践行社会主义核心价值观，是社会主义核心价值观的模范实践者、生动传播者和最有说服力的检验者，成为全社会学习的典范。从这一层面上看，劳模精神是社会主义核心价值观的具象化、人格化和现实化。

劳模精神既是时代精神的生动体现，又是民族精神核心要素的集中体现。劳模精神是引领时代新风的价值取向，生动体现了时代精神的精神实质、主要特征和重要内容。一方面，作为一种文化精神，劳模精神不是一成不变的，而是一种鲜活生动、创新实践的存在，随着国家意识形态、经济社会形势和时代变迁而不断演变发展，具有鲜明的时代特征。另一方面，在劳模的创造性实践和不断探索中，激发出蕴含着自主性、首创性、先进性元素的劳模精神，不断为时代精神注入新能量，丰富时代精神的内涵。与此同时，劳模精神既体现了以爱国主义为核心的团结统一、爱好和平、勤劳勇敢、崇德尚礼、公而忘私的民族情怀，又体现了知行合一、自立自强的人生追求，是民族精神创新发展的重要推动力量。

第二节 劳模精神的核心要素

一、工匠精神是劳模精神的核心要素

劳动模范是广大劳动者的先进代表，劳模精神引领时代精神，劳模价值创造社会价值。每一个时期的劳模都是那个时代的精神符号和力量象征，劳模精神被赋予时代的内涵和元素。劳模精神的核心更多地体现为专注执着、精益求精的工匠精神。新时代的劳模是改革的先锋，是现代化建设的主力，是实现中华民族伟大复兴的支柱，凸显着新的时代特征。

当今时代是一个更加注重精细品质、独特体验的时代。企业对高精尖、高品质的追求，同工匠精神不谋而合。有人说，从"工匠精神"孕育"劳模精神"是极其不易的，都要经历"尚巧""尚精""道技合一"三个阶段。"尚巧"，就是追求技艺之巧；"尚精"，是追求技艺的精湛；"道技合一"，则需通过技艺领悟"道"的真谛，从而实现创造之美的升华。当前，在大众创业、万众创新背景下，中国制造正向中国创造转轨，适应新常态呼唤创新驱动，这一切都需要劳动者追求品质提升，都需要"创客们"能够"匠心独具"。拥有一流的心性，用心追求极致，才能创造一流的技术，收获卓越精品。因此，无论是在生产战线，还是在其他各行各业，都应弘扬践行劳模那种实干、专注、执着、创新、精益求精的工匠精神。

工匠精神是劳模精神的重要构成要素，也是劳模精神当代品格的核心体现。从本质上讲，工匠精神是一种基于技能导向的职业精神，它源于劳动者对劳动对象品质的

极致追求，它具有爱岗敬业、专注执着、严谨慎独、精益求精、创新创造以及情感浸透、自我融入的基本内涵，既表现了极致之美的品质追求，又体现了敬业之美的精神原色，更展现了创造之美的价值升华。工匠精神充分凸显了新时代劳模精神爱岗敬业、精益求精、追求卓越的精神品质和价值导向，工匠精神是对劳模精神的重要深化和丰富发展。

二、劳模精神与工匠精神相辅相成

时代在变化，社会在进步，劳模精神内涵也在紧随时代而不断丰富。在经历了数十年"中国制造"的辉煌后，现代产业开始朝向绿色环保、高附加值、智能生产、全产业联动的方向发展。这种产业发展理念的转型带来了对产品品质的极致追求，推进了"中国制造"向"中国创造"的转变，使得工匠精神成为主导产业转型升级的重要精神指南针。因此，要让工匠精神成为劳模精神的重要品质和价值导向，一方面要在各级劳动模范评选、表彰中加重工匠精神的权重，让更多在工作岗位中执着专注、精益求精、一丝不苟、追求卓越的能工巧匠有机会脱颖而出，成为劳动模范；另一方面要厚植工匠精神土壤，让更多敬业、乐业、勤业的劳动模范成为行业工匠。弘扬劳模精神和工匠精神，要注重营造氛围和提供保障，建立健全机制体系，不断激发劳动者的干事创业劲头和创新创造潜力。

就精神载体而言，劳模精神和工匠精神在产生机制、评价标准、时代背景、职业基础等方面存在明显区别。但是，这两种精神的内涵也具有共同特征：都继承了中华优秀传统文化中劳动文化的精髓，拥有共同的文化底蕴；都立足于职业岗位，取得了突出业绩，做出了重要贡献，具有共同的价值导向；都练就了卓越技能，用个人的劳动实践阐释了劳动的境界，彰显共同的价值实现。纵观不同时期的劳动模范，有许多劳动模范都堪称大国工匠，而今日很多大国工匠也无愧为劳动模范的荣誉称号。由此可见，劳模精神和工匠精神都是以爱国主义为核心的民族精神和以改革创新为核心的时代精神的生动体现，两者相辅相成。

第三节 新时代劳模精神的具体表现

一、不同时代劳模精神具有不同的表现

不同的年代，劳模精神有着不同的具体表现。在革命战争年代，被誉为"边区一面旗帜"的赵占魁、"兵工事业开拓者"的吴运铎等劳动模范的先进事迹和崇高品质，集中体现了以"新的劳动态度对待新的劳动"的社会主义劳动精神。中华人民共和国成立之初，闻名全国的"孟泰精神"，树立了工人阶级强烈的主人翁责任感，以及艰苦创业、勤俭节约的高尚情操。社会主义建设时期，铁人王进喜的模范事迹集中体现

了中国工人阶级为国争光的爱国主义精神，独立自主、自力更生的艰苦创业精神，胸怀全局、为国分忧的奉献精神。改革开放以来，蒋筑英、徐虎、李素丽等模范人物的先进事迹体现了解放思想、实事求是、紧跟时代、勇于创新、知难而进、一往无前、艰苦奋斗、务求实效、淡泊名利、无私奉献的为社会主义现代化事业不懈奋斗的时代精神。新时代，劳模精神具体表现为爱岗敬业、争创一流，艰苦奋斗、勇于创新，肩负使命、责任担当，淡泊名利、甘于奉献。

二、新时代劳模精神具有丰富的当代价值

作为个体，劳动模范以"爱国、敬业、诚信、友善"为行为准则，是个人践行的典范；作为公民，他们以"自由、平等、公正、法治"为社会价值取向，是价值引领的旗帜；作为人民的一分子，他们以"富强、民主、文明、和谐"为奋斗目标，将"小我"融入国家发展的潮流中，是价值实现的楷模。翻阅一代代劳模的事迹，在他们身上，对事业的"痴"、对工作的"狂"、对得失的"傻"交织在一起，这也正是我国发展中所需的定力、闯劲、韧劲，共同标注着中华民族一代又一代建设者们奋斗的底色。

2013年4月28日，习近平总书记在同全国劳动模范代表座谈时讲话指出，"幸福不会从天而降，梦想不会自动成真。实现我们的奋斗目标，开创我们的美好未来，必须紧紧依靠人民、始终为了人民，必须依靠辛勤劳动、诚实劳动、创造性劳动"。[①] 2018年"五一"国际劳动节之际，习近平总书记在给中国劳动关系学院劳模本科班学员回信中提出，希望"用你们的干劲、闯劲、钻劲鼓舞更多的人，激励广大劳动群众争做新时代的奋斗者"。[②] 劳动模范是"干出新时代"的排头兵，是践行"实干兴邦"的楷模。因此，激励广大劳动群众争做新时代的奋斗者，就是要让实干担当在新时代蔚然成风，让改革创新在新时代焕发活力，让精益求精在新时代落地生根。只要我们持之以恒地弘扬劳模精神，充分调动起广大劳动人民的积极性、主动性和创造性，就一定能最大限度地聚合起人们饱满的奋斗热情，从而为建功于新时代、实现中国梦凝聚起磅礴的中国力量。

劳模精神推动着新时代产业工人队伍建设。产业工人是工人阶级中发挥支撑作用的主体力量，是创造社会财富的中坚力量，是创新驱动发展的骨干力量，是实施制造强国战略的有生力量。2017年2月6日，中共中央、国务院印发了《新时期产业工人队伍建设改革方案》，产业工人队伍建设改革取得了实质性进展，劳动光荣、技能宝贵、创造伟大的时代风尚更加浓厚。在抗击新冠疫情全民战争中，在党中央全面部署、统一指挥下，各行各业、各族群众，尤其是大批劳动模范，把小我融入国家大我，携手共克时艰，参与到疫情防控中。医护工作者全力救治患者，社区工作者尽职尽责构筑

---

① 习近平. 习近平谈治国理政 [M]. 北京：外文出版社，2014.
② 习近平. 习近平回信中国劳动关系学院劳模本科班学员珍惜荣誉努力学习继续拼搏再创佳绩激励广大劳动群众争做新时代的奋斗者 [N]. 人民日报，2018-4-30（1）.

抵御疫情防线，人民警察、环卫工人、公交司机、快递小哥等坚守岗位，为守护人民群众健康、保障人民群众正常生产生活辛勤工作，创造了中国速度与中国奇迹，谱写了一曲曲抗疫赞歌，充分体现了新时代产业工人的担当，彰显了中国特色社会主义制度的显著优势。在新时代，要继续充分发挥劳动模范和工匠人才的示范带动作用，培养更多劳动模范、大国工匠，努力造就一支有理想守信念、懂技术会创新、敢担当讲奉献的宏大的产业工人队伍，建设知识型、技能型、创新型的德才兼备劳动者生力军。

劳模精神引领着新时代劳动教育的价值取向，更是对未来劳动者用奋斗成就梦想的殷切期待，引领着新时代劳动教育的价值取向。劳动模范是每个时代劳动精神的典型象征，有助于引导广大青少年聆听劳模故事、感受劳模精神、体悟劳模精神，增进劳动体知、深植劳动情怀、锤炼劳动品质、养成劳动习惯，形成正确的劳动价值观，在磨炼意志和增长才干的实践中感受劳动的乐趣和收获，从而培育辛勤劳动、诚实劳动、创造性劳动的精神气质。

第四节 新时代劳动模范的行动指南

党的十八大以来，习近平总书记在多个场合、多次讲话中阐述了劳模精神在中国特色社会主义伟大事业中的重要作用，号召全社会尊崇劳动模范，弘扬劳模精神，这也为新时代劳动模范指明了行动方向。

一、新时代劳动模范要以"中国梦"为行动指南，在实现中国梦的伟大征程中贡献力量

近代以来，实现民族复兴、国家富强，一直是中华民族最伟大的梦想。从鸦片战争到辛亥革命，从"五四"运动到中华人民共和国成立，从改革开放到构建和谐文明社会，中华民族无数志士仁人上下求索、前仆后继，虽然屡遭挫折，还能斗志弥坚，历经磨难更加坚强和坚韧。在中国共产党的坚强领导下，全国人民万众一心，找到了实现民族复兴的正确道路——中国特色社会主义。沿着这条康庄大道，建设三峡大坝、修筑青藏铁路、举办奥运会、修建高铁、建设港珠澳大桥、实现登月计划等伟大事业，记录了中华儿女的一个个梦想，沿着这条正确道路，香港、澳门先后回归祖国，中华民族以更加昂扬的斗志、自信的姿态走向世界。中国取得了举世瞩目的伟大成就，以全新的姿态屹立于世界东方，展现出民族复兴的光明前景。在全面建成小康社会，进而建成社会主义现代化强国的道路上，不断取得历史性成就，在实现中国梦的最佳时期，我们比历史上任何时期都更接近实现中华民族的伟大复兴，这一复兴之梦犹如东方的一轮朝日，光芒四射喷薄欲出，因此中华儿女要有更坚定的信念、更执着的追求来推动它的到来。实现伟大梦想需要弘扬伟大精神，劳模精神正是新时代伟大精神的集中体现，主要体现在以下两个方面：一方面，劳模精神是实现伟大复兴中国梦的宝贵精

神财富。在全社会弘扬和践行劳模精神，营造尊重劳动、尊重知识、尊重人才的社会氛围，宣扬以辛勤劳动为荣、以好逸恶劳为耻的社会良好风气，培育积极健康、开放包容的社会心态，让"辛勤劳动、诚实劳动"成为普遍社会认同和价值遵循。另一方面，劳模精神是实现伟大复兴中国梦的强大精神力量。要实现伟大复兴中国梦，实现从制造大国向制造强国的华丽转身，建设知识型、技能型、创新型劳动者大军，要大力弘扬和践行劳模精神，才能够为中国经济社会发展汇聚强大动力，才能为实现中华民族伟大复兴中国梦增砖添瓦。

二、新时代劳动模范要以"社会主义核心价值观"为行动指南，充分发挥劳动模范的引领和带动作用

社会主义核心价值观是富强、民主、文明、和谐、自由、平等、公正、法治、爱国、敬业、诚信、友善。社会主义核心价值观分别从国家层面、社会层面和个人层面对国家、社会和个人的价值进行了阐述，这些内涵是适应我国现阶段的发展进程和国情状态，是每个公民都应该尊崇的价值体系。社会主义核心价值观是对全社会公民的道德要求和行为准则要求，而劳动模范是全体公民中的杰出代表，他们展现出的劳模精神与社会主义核心价值观是部分与整体的关系。从内涵上来看，社会主义核心价值观是在中华民族长期的发展过程中，通过一代又一代人不断提炼，将中华民族优秀美德与各时代相结合的产物，劳模精神是在长期的生产实践中凝结成的先进的精神内核，各个时代的劳模精神也都是符合社会主义核心价值要求的。从社会公德来看，习近平总书记提出培育和践行社会主义核心价值观应做到"明大德、守公德、严私德"。培育和践行社会主义核心价值观，明大德是根本，守公德是基础，严私德是关键，这就要求全体公民尊崇公德意识，践行公德行为。从个人道德上看，"爱国、敬业、诚信、友善"是公民基本道德规范和道德准则，也是评价公民道德行为的基本价值标准。爱国是基于个人对自己祖国依赖关系的深厚情感，也是调节个人与祖国关系的行为准则，它同社会主义紧密结合在一起，要求人们以振兴中华为己任，促进民族团结、维护祖国统一、自觉报效祖国。敬业是对公民职业行为准则的价值评价，要求公民忠于职守、克己奉公、服务人民、服务社会，充分体现了社会主义职业精神。诚信即诚实守信，是、类社会千百年传承下来的道德传统，也是社会主义道德建设的重点内容，它强调诚实劳动、信守承诺、诚恳待人。友善强调公民之间应互相尊重、互相关心、互相帮助、和睦友好，努力形成社会主义的新型人际关系。总之，在弘扬社会主义核心价值观的背景下，要求劳模群体去做表率、身体力行，在弘扬劳模精神的同时，促进社会主义核心价值的宣传，引导全社会践行社会主义核心价值观。

三、新时代劳动模范要以"习近平新时代中国特色社会主义思想"为行动指南,发挥榜样的示范和激励作用

(一)劳模精神为建设新时代中国特色社会主义提供了精神灵魂和文化自信

劳模精神是中国在不同历史时期积累的重要精神成果,它所表现出来的理论本源和实践基础,是我们坚持走中国特色社会主义道路的理性表达。进入新时代,不断继承和弘扬劳模精神,不仅是决胜全面实现小康社会的时代要求,还是实现中华民族伟大复兴中国梦的当代实践。历史和实践证明,劳模精神因其承载了社会主义劳动者的价值属性和鲜明的时代特性,为坚持中国特色社会主义"四个自信",为坚持新时代中国特色社会主义提供精神灵魂和自信源泉。同时,将弘扬劳模精神与培育时代精神相结合,不仅为我国劳动人民的自由全面发展提供正确的民族观、国家观、社会观和个人价值导向,也为培育时代精神提供优秀劳模文化,还能为我国经济社会发展集聚创新资源、创新人才和创新力量,为中国特色社会主义精神文化发展提供支持。

(二)大力弘扬劳模精神、劳动精神、工匠精神,引领和教育人民建功新时代

近年来,习近平总书记在不同场合对劳动模范给予高度肯定和赞扬,2018 年 4 月 30 日,习近平在给中国劳动关系学院劳模本科班学员的回信中指出:"劳动最光荣、劳动最崇高、劳动最伟大、劳动最美丽。全社会都应该尊敬劳动模范、弘扬劳模精神,让诚实劳动、勤勉工作蔚然成风。"[1]2018 年 10 月 29 日,习近平在同新一届全国总工会领导集体谈话时指出:"劳动模范是民族的精英、人民的楷模。大国工匠是职工队伍中的高技能人才。工会要协同各个方面为劳动模范、大国工匠发挥作用搭建平台、提供舞台,培养造就更多劳动模范、大国工匠。"[2]2019 年 2 月 3 日,中共中央、国务院在人民大会堂举行 2019 年春节团拜会,习近平发表讲话时强调:"全党全军全国各族人民要在中国共产党坚强领导下,同心同德,开拓进取,用辛勤劳动创造中国人民的美好生活、创造中华民族的美好未来,继续同世界各国人民一道构建人类命运共同体。"[3]党和政府高度重视劳模精神、劳动精神,我们要认真贯彻落实习近平总书记的要求,在全社会大力弘扬劳动光荣的时代新风,教育和引导人们通过诚实和勤勉劳动来增加财富、实现梦想。要大力宣传劳动模范的先进事迹,为劳动模范更好地施展才华、展现精神风貌提供条件。要大力弘扬劳模精神、劳动精神、工匠精神,牢固树立劳动最光荣、劳动最崇高、劳动最伟大的理念,营造尊敬劳动模范、劳动光荣的社会风尚,激励广大劳动者争做新时代的奋斗者,为推动经济社会健康发展做贡献。

---

[1] 习近平. 给中国劳动关系学院劳模本科班学员的回信 [N],光明日报,2018-05-01.
[2] 新华社. 习近平同中华全国总工会新一届领导班子成员集体谈话并发表重要讲话 [Z/OL].2018.10.29
[3] 习近平. 在知识分子、劳动模范、青年代表座谈会上的讲话 [Z/OL].2016.04.29.

第八章 高校劳动教育实践

高校劳动主要涵盖了与校内劳动相关的生态文明、内务整理、值日保洁、学习整理等方面的重要技能。侧重于引导学生积极参加校内劳动实践,强调在亲身劳动经历中习得劳动知识、学会劳动技能、培育劳动情感、提升劳动素养,形成吃苦耐劳的品格。

第一节 校园劳动(保洁)工具功能与使用方法

工欲善其事,必先利其器。进行校园劳动之前,我们先介绍各类校园保洁工具的功能与使用方法。校园劳动(保洁)常用的工具有扫把、拖把、簸箕等。

一、一般大、小扫把

(一)大(竹)扫把

大(竹)扫把体积较大,在使用过程中如果不能掌握有效的使用方法,不仅影响使用效果还会加重扫把在手里的重量,影响清扫效果。其使用方法如下:

(1)用一只手的大拇指按在扫柄端上,并用其他的四个手指握住,另一只手则握住其下方30~40cm处。

(2)清扫地面时候,上身微向前倾,扫动过程中手部用力下压,每扫一下应将扫把在地面墩一下,去除扫把上的灰尘垃圾,整个过程扫把不离地面。为了不踩踏垃圾,清扫中应不断向前方清扫。

(3)地面清扫遵循从狭窄面向宽广处、从边角向中央清扫的原则。

(4)地面若有口香糖等不易扫除的污垢时,要先用铲刀、清洁剂等工具清除之后再进行清扫。

(5)清扫完毕后,用毛刷或毛梳对大(竹)扫把进行清洁。

(二)小扫把

小扫把又名扫帚,是家庭、工作中最常用的扫地除尘的工具,多用高粱秆扎成,在欧洲、亚洲及世界上的大部分地区农村区域广为使用。随着人们家庭物质生活的提升,扫把的用料也越来越多,有芦苇扎制的、塑料合成丝压制的等。

芦苇扎制的扫帚,手柄为竹制。芦苇穗较柔软,因此扫把头比较厚实,其清扫起来不会将灰尘扬起，主要用于建筑物通道表面的清洁保养。对细小颗粒的灰尘清洁效果较好，如粉尘状脏物。

塑料合成丝压制的扫帚，为彩色塑料柄或铝合金柄，扫帚的合成丝也是彩色的，造型较好看。可用于建筑物内外围表面的清洁保养，因为外围的脏物、杂物重量都较室内的大。单排丝的扫帚可在建筑物内大堂等装饰高雅的环境中使用。

有效掌握扫把使用技巧对提高清洁效率、节省时间有重要作用，其使用方法如下：

（1）高握用于大范围的清洁，主要用于较容易清洁的物品的处理。低握，力大范围小，主要用于清洁污泥等较难清理的东西。

（2）地面的清扫每扫一边，应将扫出的垃圾、灰尘及时放入簸箕内，以免造成再次污染；地面的各种凹凸槽、电梯门凹槽的清扫，应用扫帚横峰从两死角处扫向中间；用扫帚横峰清扫时，扫帚横峰不能抬得太高，以免垃圾、灰尘扬起；将垃圾、灰尘扫出时，可用簸箕对准凹凸槽，直接扫出，但扫帚不可扬得太高。

（3）室内地面的清扫原则上由里面向门口处进行，将桌子下面的垃圾向宽广的地方清扫。

（4）楼梯的清扫应从楼梯扶手向墙壁处进行，清扫过程中遵循由上一梯级向下一梯级的原则，每清扫一处楼梯平台，应将垃圾扫入簸箕内。

（5）清扫时，要稳、沉、重、慢，不能将灰尘扬起，更不能使垃圾飞撒。要使扫出的垃圾、灰尘、杂物始终居于一堆，便于用簸箕铲出。

（6）清扫完毕，扫帚应放在簸箕中拿走，不得将扫帚悬空提走或拖在地面上拖走，以免扫帚上留存的垃圾、灰尘再次污染环境。

二、现代新型扫把

（一）电动扫地车

电动扫地车主要利用蓄电池为主要动力来源，完成扫地功能，由于其环保无污染的特点越来越受到企事业单位、学校的欢迎。电动扫地车主要用于户外大面积瓷砖、水泥、大理石地面的清洗、吸干一体化。其主要特点如下：电动作业无噪声、无废弃排放；体积小、灵活、易驾驶，适用于大多数可人工清扫的地方；集扫、吸于一体，方便高效；清洁效果好，对于灰尘、砂土、树叶、烟盒等杂物一扫而净；效率高，一台电动扫地车相当于多名人工清洁效果。其使用方法如下：

（1）使用前认真阅读使用说明书，接受厂家的培训，掌握各种注意事项和紧急事件的应变方法。

（2）顺时针扭动钥匙开关，启动电源，挡位开关拨动到前进挡，松手刹。

（3）按下操作面板的主刷、边刷、吸尘、喷淋开关，使各功能模块通电工作。

（4）踩踏调速踏板、驱动形式作业，在过程中若遇到大的垃圾物品，踩下升降踏板。

（5）对于地面的清扫距离有一个目测的过程，防止出现盲区把扫地车的边刷撞坏或出现边刷无法顾及导致清扫不彻底问题。

（6）刷子尽量接触地面 5~10mm，发现绳子、打包袋等物品尽量人工进行清理，以延长机器寿命。

（7）若雨天作业，不要启动吸尘风机，避免滤芯湿水堵塞。

（8）清扫作业完成后，关闭电源，及时清理滚刷上面的缠绕物，并将主刷和垃圾箱清理干净。

（二）手推式扫地机

手推式扫地机是一款设计精巧、技术独特的现代清洁扫地工具，且机器本身无须任何电力源，清理结束后只需推到垃圾站点进行垃圾回收即可，将清理与收集同时进行。对于地面的粉尘、石子、纸屑、树叶等有很好的清洁效果。可应用于学校、公园、库房以及大型活动场所中不宜使用大型动力驱动型设备的地方，产品适用于水泥地、沥青地面、耐磨草坪、塑胶跑道等地面的清洁，其使用方法如下：

（1）使用前认真阅读使用说明书，注意各种事项。

（2）清扫时双手握住推手把柄两侧，按规划清洁道路推动前行。

（3）清扫速度不宜过快，保持适中速度以达到良好的清洁效果。

（4）清扫过程中，需要视地面灰尘的多少，震动过滤器，进行振尘清洁。

（5）遇到大型垃圾时，可把推手把柄向下按住，使其车头在适当翘起的状态下将较大型垃圾扫入垃圾箱。

（6）使用时如果清理场所潮湿，锁紧吸气风门，清扫中不能扫到有水区域。如果毛刷不小心扫到水，需先将毛刷晾干。

（7）严禁在坡度较大的地面做清扫，以免发生事故。

（8）如有异响，立即停止工作检查设备。

（9）清扫作业完成后，及时清理垃圾箱中的垃圾。

（三）扫地机器人

扫地机器人在欧美国家已普遍使用，近年来在我国也以每年倍增的速度在普及。扫地机器人以低速自动驾驶技术和机器人运动交互技术为核心，能够对室内或室外环境进行自动清洁工作，自主完成扫地、拖地、尘推等作业。可应用于公寓、酒店、商场、机场、大型展馆等公共场所区域和室外道路。其使用方法如下：

（1）使用前认真阅读使用说明书，注意各种事项。

（2）检查电源。使用前检查电源线是否完好，主机是否正常，注意防电。

（3）查看地面。扫地机器人适合清扫平整光滑的地面，凹凸不平地面不适合扫地机器人作业。

（4）设置虚拟墙。扫地机器人一般都带有智能识别装置，通过虚拟墙的设置可规划好机器人的工作区域，当它识别到虚拟墙时则会自动回避该区域。

（5）安装托板。在扫地机器人下面一般会有两个卡子，这就是锁住拖板的卡扣，将拖板对着卡扣按下去即可。

（6）时间设置。按照自己的需要设置好时间，按照先"星期"、再"小时"的顺序进行设置。设置完毕后，按下确认键，完成。

（7）清理垃圾盒。使用后要记得垃圾盒的清理，不及时清理会影响下次使用。由于有的垃圾清理盒是一键式的，所以在清理时要先将风机取出，不能让风机进水。

（8）及时充电。扫地机器人每次充电一般可以持续打扫3小时，在清扫后注意及时充电，才不会影响下次使用。

（9）注意保养。扫地机器人也需要定期清理，检查边刷、中扫、轮子上有没有毛发或电线缠绕物等。

三、拖把

拖把是保持地面干净整洁很重要的清扫设备，在日常生活中是很常见的。市面上的拖把分类有很多，包括传统的棉布拖把、棉线拖把、胶棉拖把，最流行的甩桶拖把等。

拖把的功能：擦洗地面和清理地面的污水污渍。

拖把的使用方法：

（1）使用时左手握住拖把杆顶部，右手握住拖把杆中上部，握杆时拇指都保持在上方。

（2）使用时先用拖把沿着墙角推直线，然后将拖把采用"8"字形的路线，人体直立不弯腰，以后退的方式左右移动，通过右手的手腕用力来回旋转拖把杆，将拖把的一侧始终沿着一个方向推动。

（3）按照一定的顺序，朝同一方向有规律地拖地，注意随时集中垃圾，及时清洗拖把。

（一）平板拖把

对于一些公共场合，平板拖把是很重要的工具，能够快速清除地面的污渍，深受人们喜欢。校园清洁非常流行的是平板拖把。一个好用的平板拖布可以极大地便利我们的校园保洁。

平板拖把种类众多，按布料材质分，主要是棉线平板拖把和纤维布平板拖把这两种。棉线平板拖把的优点就是接触地面面积大，可以节省很多的人力，价格实惠。纤维布平板拖把采用的是纤维布，具有非常棒的吸湿和吸脏污的功效，拖布的面积也很大，价格比棉线平板拖把稍贵一些。按照拖把头分，可将平板拖把分为魔术贴、套子类、夹子类平板拖把。魔术贴比较简单，脏了就撕下来，清理干净就贴上去，十分简单。

套子类和魔术贴基本一样,把布套上去,脏了取下来清理干净重新套上去。夹子类比较好用,不同大小的布都能夹上去,不用的洗脸毛巾也能用作拖把布。

平板拖把效果好的一个原因是它能够做得非常大,一次性清洁更多区域。大部分的平板拖把都可以一次性清洁 0.03 ㎡,有的甚至能够做到 0.06 ㎡。其杆子一般比其他拖把做得更长,常常能达到 133~140cm,这也就使人们在拖地时无须再弯腰。另外,许多平板拖把能和静电除尘纸搭配使用,用完即扔,省掉了"洗拖把"的过程。

平板拖把并不能在省力方面做出很大的改变,虽然它的拖地面积更大,托杆更长,但是仍然要用力地去拖地。如果遇到特别顽固的污垢,使用平板拖把和老款拖把并没有什么不同。

平板拖把的使用注意事项:

(1)平板拖把在使用过程中因拖布材质原因,建议不用时放置在干燥环境中保存。

(2)平板拖把附带的拖布采用超纤维和棉相结合,如要清理毛发和纸屑需在其干燥的情况下进行清理;同时其吸水性能有限,仅可以针对小范围的水渍进行清理;在对拖布清洗后通过晾晒进行干燥处理。

(3)平板拖把注意选择类型,如果是夹固性的平推,在两旁加固的时候,由于弹簧的力度较强,小心保护手指。

(4)拖把是污垢驻留最多的用具之一,如果不注意清洁,就会成为一些微生物和致病细菌滋生的温床。所以要注意拖把的清洁和干燥。

还有一种免手洗的平板拖把,深受人们喜欢。

免手洗简易型平板拖把一般采用的是超细纤维升级拖布,上面无数的微小小铲能铲起和储存污物,而且加厚加多密集绒毛交错。只需要将其轻轻一拖,就可以轻松地吸走污物,如油污、毛发、灰尘等。清洁桶型平板拖把还带有清洗桶,清洗桶里分 dry 和 wash 两边槽,做到了干湿分离,清洗在 wash 里,甩干在 dry 里。这种免手洗平板拖把非常好用,刮水干净,还比较省力。拖把头旋转特别灵活,擦地没有死角,最大的优点就是拖把头能放得很平,很小的空间也可以伸进去。课桌底下、讲台下面都可以擦到,而且手全程都不会碰到水,很好地保护了双手。

(二)胶棉拖把

(1)将胶头放到水桶中可迅速吸水,轻轻扳动拉杆,就可将水轻松挤出。在擦拭过程中,比较能使上劲,清洁地面的过程相对比较容易,即使是对付较大较硬的泥印子,擦拭几次就能去除。拖把的投洗也很轻松。

(2)需要注意的是,如果是擦硬质的瓷砖地面,水不能挤得太干,否则推不动。

(3)清洁完成后,将拖把置于通风处,待水分蒸发后,胶头变得很硬,并无异味产生。

（4）由于胶头可以将80%~90%的水挤出，因此不但可以用于强化复合地板的清洁，还可以迅速吸干大量不慎洒在地上的水、汤汁等。

（三）旋转拖把

旋转拖把使用方便，轻巧灵活，只需轻轻用力，就可以轻松脱水，而且旋转拖把具有很强的吸水性，非常适合教室、宿舍等处的清洁工作。下面给大家介绍一下旋转拖把的使用方法。

（1）安装。把旋转拖把的面板平整地放置在地上，然后将拖把盘对准拖把头，以垂直状态按下去，用脚轻轻踩下拖把盘，当听到"咔嚓"一声响的时候，即可完成旋转拖把的安装工作。

（2）使用。使用旋转拖把打扫教室和宿舍时可以自行调整角度：45°、90°、180°等，轻轻松松就可以清除干净死角的东西。

（3）清洗。把旋转拖把放到水龙头下冲洗干净，然后放到附赠的脱水桶里，轻踩踏板，就能快速把水甩干。

（4）更新。布条旋转拖把使用一段时间后，布条可能会出现磨碎的现象，需要及时更新。用脚踩住上圆盘边缘的布条，方向一定要和螺丝的方向相同，然后紧握住拖把朝身体反方向推动，就可以让圆盘和布盘分离开了。

（四）簸箕（垃圾铲）

簸箕，又名"撮子"，是用竹篾或柳条编成的器具，三面有边沿，一面敞口，用来簸粮食等。簸箕是一种铲状器具，以前是用于收运垃圾、扬米去糠的器具。校内大清洁的时候，用其来装运石头、树叶树枝类重物是非常合适的。

垃圾铲：铲状盘上通常有一个把，用以收运从地板上扫除的垃圾，一般是薄金属板或塑料制成的一种装料容器。

四、现代保洁常用工具

校园劳动还常常用到以下这些工具：

（一）抹布

抹布是校园清洁的常用工具，应选柔软并有一定吸水性的材质。

抹布的使用方法：

（1）抹布可选用柔软、吸水力强，较厚的棉制毛巾，使用时将毛巾折三次叠成8层，正反16面正好比手掌稍大一点。

（2）折好的毛巾用脏一面后再用另一面，洗净拧干再用，注意不可用脏布反复擦拭。否则会损伤被擦物表面，也不容易擦干净物品。

(3)将作业所需的数条毛巾预先拧干备用,以提高工作效率。

(4)擦拭一般家具的抹布、擦拭饮食用具的抹布和擦拭洗手间、地面的抹布等必须严格分开专用。

(5)擦拭时应遵从"从左到右(或从右到左)、先里后外、先上后下"的原则,将被擦拭物全部均匀地擦遍,不要落下边角,不要漏擦。

(6)有些污垢用一般抹布擦不掉,可用百洁布或刷子去除。

(7)干抹:去除细微的灰尘,干擦用力不能太重。有些表面如高档漆面、铜面、不锈钢面等不宜经常湿抹。

半干擦:当灰尘较多时使用。对不宜经常湿擦的表面,但干擦又难擦净的,可用半湿半干抹布擦拭。

湿抹:去除建筑物表面及家具表面的灰尘、污垢时,用湿抹布可将污垢溶于水中,去污除尘效果好。

(8)用抹布擦拭时,应顺着物品纹路擦拭。

(9)严禁不同颜色毛巾混合使用;毛巾随时保持整齐干净;使用结束后要将毛巾清洗干净整理好,保持干燥,以免出现异味。

(二)垃圾夹

垃圾夹用于一般地面拾取、高空取物、公共环境卫生拾取、水面垃圾拾取等,是开展公益环保活动的必备佳品。其也可用于园林、草地、池塘、人行道等处的垃圾清理,操作方便,卫生实用,便于存储。

垃圾夹可简单分为折叠式和非折叠式。

手把是省力杠杆,而夹子是费力杠杆,捏手把是夹持物体。手把部分相当于一个橇棒,动力来自手,夹爪部分相当于镊子,动力来自弹簧。垃圾夹极大地方便了人们的日常生活,特别是校园保洁和公益活动的进行。

(三)玻璃清洗器

1. 玻璃刮

玻璃刮由三部分组成:手柄、刮板、橡胶刮条。手柄和刮板,有不锈钢的和塑料的,3个部分非常容易拆卸、组合,便于携带和收藏。玻璃刮主要是清洁玻璃窗、瓷砖等,除尘去污,刮水干净快捷,不留痕迹。使用玻璃刮清洁玻璃安全、干净、快捷。

(1)把有海绵的一面沾上肥皂水在玻璃上擦,然后再用另一边的橡胶条的边平压在玻璃上,从上到下刮,不能来回刮,只能顺着一个方向刮。

(2)使用时要均匀用力,切勿用力过大压坏玻璃或玻璃刮。

(3)使用后注意放置,以免压坏玻璃刮。

2. 双面玻璃清洁器

擦玻璃是一个力气活，低楼层的窗户还比较好擦洗，但是高楼层的玻璃就不是那么好清洁了。对于高楼层的教学楼、图书馆等，清洁玻璃成了一个既费劲又危险的工作。但是有了双面玻璃清洁器，就能解决这一难题了。

双面玻璃清洁器使用方法如下：

（1）把擦布粘到玻璃清洁器上。

（2）在水中放入洗洁精搅匀，浸泡擦布。

（3）手指套在环上，没有绳子的在窗内。

（4）左右横向擦玻璃。

（5）最后取下玻璃清洁器。

（6）用抹布擦净残水，玻璃就擦好了。

双面玻璃清洁器使用注意事项：

（1）如果已经破裂或者损坏的玻璃请勿使用双面玻璃刮。

（2）特别注意双面玻璃清洁器不能清洗涂层镀膜玻璃、磨砂玻璃。

（3）由于玻璃刮一般含有磁性，请远离电视机、手表、磁卡、电脑、冰箱等。

（4）对于很脏的玻璃，在首遍擦洗后应注意清洗清洁器各部分，以便第二遍擦拭。

（5）玻璃上有水泥等凝滞物，请先用云石铲刀或者刀片去除后再使用刮玻器。

（6）一定要检查安全绳是否系牢，然后将安全绳系在非操作手上后再使用。

（7）使用时保证清洁器无吸附杂质，需清理干净后方可使用。因为清洁器内部含有磁铁容易吸附如铁丝、钢丝球等金属杂物。

（8）使用后清洗干净双面玻璃刮，后置于干燥处保存，有助于延长双面玻璃刮的使用年限。

第二节　校园劳动保洁内容与要求

一、教室保洁内容与要求

（1）早上和放学后需安排专人打扫室内卫生和清洁区。教室经常开窗通风，保持室内空气新鲜，地面和课桌桌面保持干净，无果皮、纸屑等废弃物。无垃圾死角。

（2）课桌凳椅摆放整齐，讲台干净，教具、粉笔摆放有序。讲台各类设备接线要整理，有序放置在相应地方。

（3）教室门窗经常擦洗，窗帘定期清洗，墙壁无灰尘及蜘蛛网。窗台无灰尘，并及时清理杂物。

（4）前后黑板无乱写、乱画现象，黑板报或宣传栏要保持完好，并定期更换。黑板要及时擦干净，板槽内无粉笔灰末等杂物。定期清洗黑板。

（5）教室布置要整齐美观，讲究文化氛围，不得在墙壁及桌凳上乱写、乱画、乱刻和胡乱张贴。如有违规张贴，要及时清除。

（6）教室内垃圾不准长时间放置，及时处理垃圾池、垃圾箱等。打扫工具如拖把、扫帚等要摆放整齐，不得东倒西歪，并保持干净、干燥。

（7）教室四周墙壁瓷砖保持干净，定期擦拭。

（8）教室内的一切设备，任何人不得损坏和私自拿走。学生离开教室时要主动关灯，关好门窗。

（9）教室外走廊内外侧的墙壁，无灰尘、蜘蛛网、脚印等。走廊走道无果皮纸屑等垃圾，地面无痰迹、无积水。

（10）实训教室必须保持安静整洁，不得乱扔果皮纸屑、废弃物等。各类用品和展品不得随意使用、翻动。实验实训前应检查实验所需药品器材是否齐全完好，如有缺漏损坏，应及时报告教师。要爱护实验室仪器设备，爱惜药品、材料，如在实验中损坏，应及时报告教师。实验完毕，应整理仪器装置，清洁器皿，搞好卫生，并经教师检查后才能离开实验实训教室。

二、宿舍保洁内容与要求

1. 宿舍楼保洁内容与要求

（1）走廊等公共区域的清洁应标准化。清洁标准：无烟头、果皮、纸屑、广告纸、蜘蛛网、灰尘积聚、污迹。

（2）清扫应自下而上清洁楼梯、扶手、栏杆、墙壁、电子门、邮箱、配电箱、门窗和走廊的电灯开关等。用抹布从上到下擦拭扶手和栏杆，并将袋装生活垃圾收集到清洁车内。用半湿布擦拭邮箱、配电箱和电子门上的钥匙，用干布擦拭电子门上的钥匙。用抹布擦拭可触及的窗玻璃。脏抹布必须及时更换或清洗。

（3）用羽毛掸子和扫帚清理墙上的灰尘和蜘蛛网。

（4）宿舍公共区域地面无积水、无污渍。如果有明显的污渍，必须先用洗涤剂去除，然后用半湿拖把擦干。

（5）宿舍公共区域要放置垃圾箱，箱内应套垃圾袋。保持垃圾箱表面干净无污渍，及时清运垃圾，垃圾不满溢且不得堆放在垃圾箱旁。定期清洗垃圾箱，必要时做消毒处理。

（6）宿舍宣传栏干净整洁，玻璃橱窗清洁标准目视检查标准：无灰尘、蜘蛛网、污渍和指纹。

2. 寝室保洁标准

（1）地面、墙壁、衣柜、门窗、玻璃、床、卫生间、洗手槽等，每天擦洗干净。地面干净整洁，无纸屑、果皮、杂物、污水积存现象。

（2）门窗、玻璃、柜子、灯具上（包括卫生间）无浮尘污迹，无手、脚印，室内墙角无蜘蛛网等现象。严禁墙上乱钉钉子，乱挂杂物，乱贴字画，乱扯绳子等。

（3）暖瓶、洗漱用品、餐具、卫生用具等要有层次、统一位置、固定摆放，脸盆内不能出现污水不倒等现象。

（4）床上被褥床单叠放整齐，干净整洁，方向一致；床铺下鞋子摆放有序，统一形式。无乱扯乱挂、乱刻乱画。

（5）卫生间地面干净整洁，无果皮、纸屑等杂物和污水积存，空气新鲜。便道内无粪便积存、冲刷干净，流水畅通。无异味。室内清理的垃圾必须袋装，每天及时送到垃圾池内。

（6）宿舍内公用电话上无尘土积存。

（7）按照消毒规范消毒。

三、休闲空间、走廊保洁内容与要求

（1）休闲空间、走廊的地面、道路等干净整洁、无垃圾、无丢弃物、无落叶、无杂草、无污水痕迹。草坪、花坛及绿化景点内干净整洁、无垃圾和丢弃物。草坪、花坛及绿化景点等每日清扫1次并保洁。草坪、花坛及绿化景点花草及时修剪枝叶，保持完整造型，定期施肥灌溉，维护造型。

（2）休闲空间、走廊的废物箱及垃圾桶内的垃圾每日至少清倒1次。废物箱、垃圾桶每周至少清洗擦拭2次，做到废物箱、垃圾桶内的垃圾杂物少不满溢，外表干净。

（3）休闲空间喷泉、景观水塘和水渠等水域无废弃物和漂浮物。对喷泉、景观水塘和水渠等要每日巡视打捞杂物1次，做到无废弃物和漂浮物；喷泉池每年至少清理清洗换水1次。

（4）休闲空间、走廊地面、道路面和阶梯面等每日清扫1次并保洁。地面、路面和阶梯面等基本见本色，目视干净整洁并控制在二级路面废弃物控制标准内（果皮6片 $\leqslant 1000 \, m^2$，纸屑、塑膜6片 $\leqslant 1000 \, m^2$，烟蒂8个 $\leqslant 1000 \, m^2$，痰迹8处 $\leqslant 1000 \, m^2$，污水 $0.5 \, m^2 \leqslant 1000 \, m^2$，其他2处 $\leqslant 1000 \, m^2$）。

（5）休闲空间、走廊等处室外扶手、栏杆、休闲椅凳及大理石贴面等每周至少清扫、擦拭2次，做到干净整洁、无乱贴物。

四、公共卫生间保洁内容与要求

1. 公共卫生间保洁标准

（1）卫生间无异味、臭味。

（2）墙面、顶面、隔板等及其附属物擦拭无灰尘。天花板、墙角、灯具要无灰尘、蜘蛛网。

（3）便池内外表面无污迹，小便池无烟头等杂物。

（4）台面、镜面无水迹、无污迹、无灰尘，不锈钢部件光亮，无水渍。

2. 公共卫生间清扫程序

准备工作：拖布、扫帚、畚箕、抹布（两块要有区别，一块为便器专用，另一块揩其他）、清洁剂、消毒剂、卫生纸、垃圾袋等等，清洁桶和马桶刷、"正在清扫"告示牌。

具体操作：

（1）进入卫生间之前，先敲门询问，确认无人后再进入，作业时要放上"正在清扫"告示牌；

（2）先放水将便池（马桶）和小便池冲一下，然后加入清洁水浸泡片刻，便池和马桶内如有异物应取出后再放水；

（3）用清洁剂喷洒在洗面池上，然后再用干净抹布按顺时针从上到下细擦盆面，落水口活塞周围要仔细擦拭；

（4）用抹布从上到下、从左到右擦镜子；

（5）查看肥皂液壶内肥皂是否缺少，如用完应及时补足；

（6）用抹布擦拭门窗、窗台、百叶门、墙面、镜面、烘手器等，必要时用刷子、百洁布、刮刀等来清洁去污；

（7）冲掉便池（马桶）的水，将马桶的大口盖和垫圈掀开；

（8）用马桶刷取清洁剂刷大口盖内侧和上部边缘；

（9）重新放水清洗一次马桶；

（10）用干抹布逐一擦净盖板、垫圈、盖板底和外侧水箱；

（11）冲掉小便池的水，用马桶刷取清洁剂全面刷洗；

（12）从上到下用清水冲洗；用湿抹布抹净外侧表面；

（13）用干抹布擦亮不锈钢按钮；

（14）补充卫生纸，将卫生纸折角留在外侧，折成三角形，压在手纸护板下；

（15）投放芳香球，净化空气；

（16）用拖把将地面拖干净后退出，撤去"正在清扫"告示牌；

（17）卫生间（含地面、墙面、便池、水池和盥洗台等）每日至少清扫冲洗擦拭1次并保洁，且要及时登记清扫时间。

五、机动车道、人行路保洁内容与要求

（1）机动车道、人行道要求每天清扫两次。清扫时，用大扫把对机动车道、人行道进行全面清扫，做到"五无五净"。五无即无堆积物，无果皮纸屑，无砖瓦土石，无污泥积水，无痰迹。五净即路面干净，果皮净，沙井沟净，道路石牙净，树眼周围净。

（2）每周清扫一次雨水井、沙井等处垃圾杂物，保持通畅。

（3）禁止在道路两侧灯柱、垃圾桶及宣传栏张贴小广告，及时清除道路灯柱、垃圾桶、宣传栏上的张贴广告。

（4）每天清理道路两侧环卫设施。果皮箱要放置垃圾袋，外观应整洁无垢，每周需清洗箱体一次，箱内垃圾日产日清，无积压、溢满，周围地面不得有垃圾堆放。垃圾要及时收集运走。

（5）每周清洁一次路标等信息标志。

六、广场、台阶、水沟等保洁内容与要求

（1）广场地面保持干净，白色垃圾、烟头、积水等不得存留半小时。落叶季节应增加清扫次数，确保广场地面无落叶堆积。广场地面、路沿、台阶，每天清扫2次，循环保洁。台阶、路沿杂草及时清除，排水沟每日清扫1次。广场地面根据不同材质定期进行清洗，一般每个月清洗一次。地面保持洁净，现本色。

（2）广场放置垃圾箱，套上垃圾袋并及时清理，垃圾不得溢满。及时运走垃圾，垃圾箱旁边不得堆放垃圾。定期擦拭垃圾箱箱体，外表无污渍、无痰迹。

（3）所有室外台阶处，定期进行拖洗，任何时候不得有泥土和灰尘堆积现象。定期清理台阶缝隙杂草、杂物。

（4）校园所有广场、主干道每月冲洗不少于1次。每学期开学前冲洗1次，标准以地面无尘土为准。特殊时期，如学校重大节庆等，视校园当时情况而定，及时安排清洗。

（5）不得往广场、道路两边排水沟倾倒垃圾，及时清理排水沟，确保排水畅通无阻。

七、生态林、绿化地（带）保洁内容与要求

（1）生态林、绿地内保持干净，白色垃圾不得存留半小时，及时清理，保证生态林、绿地内无砖头等杂物。

（2）及时修剪林木花草枝叶，维护林木花草造型，枯枝、落叶、草坪中杂草杂物及时清理清运。

（3）保持生态林、绿化地植株标志清晰，整洁美观，并定期更新。

第三节　大学生必须学会垃圾分类

一、垃圾分类的意义

垃圾分类（garbage classification），一般是指按一定规定或标准将垃圾分类储存、分类投放和分类搬运，从而转变成公共资源的一系列活动的总称。垃圾分类的目的是提高垃圾的资源价值和经济价值，力争物尽其用。

垃圾分类是对垃圾收集处置传统方式的改革，是对垃圾进行有效处置的一种科学管理方法。面对日益增长的垃圾产量和环境状况恶化的局面，如何通过垃圾分类管理，最大限度地实现垃圾资源利用，减少垃圾处置的数量，改善生存环境状态，是当前世界各国共同关注的迫切问题。

垃圾增多的原因是人们生活水平的提高、各项消费增加了。据统计，1996年城市垃圾的清运费是1.16元/吨，是1979年的4倍。2000年以后我国生活垃圾增长速度就更快了。我国生活垃圾无害化处理的方式主要有3种：卫生填埋、焚烧和其他，目前仍以卫生填埋为主。据住房和城乡建设部发布的《中国城市建设统计年鉴（2018年）》可知，2018年生活垃圾卫生填埋663万吨，占据了我国生活垃圾处理的60.8%；其次是生活垃圾焚烧处理331万吨，占30.3%。经过高温焚化后的垃圾虽然不会占用大量的土地，但投资惊人。难道我们对待垃圾就束手无策了吗？办法是有的，这就是垃圾分类。垃圾分类就是在源头将垃圾分类投放，并通过分类清运和回收使之重新变成资源。

垃圾分类处理的优点如下：

1. 减少土地侵蚀

生活垃圾中有些物质不易降解，使土地受到严重侵蚀。垃圾分类可以去掉回收的、不易降解的物质，减少垃圾数量达60%以上。

2. 减少环境污染

中国的垃圾处理多采用卫生填埋甚至简易填埋的方式，占用大量土地；虫蝇乱飞，污水四溢，臭气熏天，严重污染环境。

土壤中的废塑料会导致农作物减产；丢弃的废塑料被动物误食，导致动物死亡的事故时有发生。因此回收利用还可以减少危害。

3. 实现变废为宝

中国每年使用塑料快餐盒达40亿个，方便面碗5亿~7亿个，一次性筷子数十亿双，这些占生活垃圾的8%~15%。1吨废塑料可回炼600千克的柴油。回收1500吨废纸，可免于砍伐用于生产1200吨纸的林木。一吨易拉罐熔化后能结成一吨很好的铝块，可少采 20 吨铝矿。生活垃圾中有 30%~40% 可以回收利用,应珍惜这个小本大利的资源。

垃圾中的其他物质也能转化为资源,如食品、草木和织物可以堆肥,生产有机肥料;垃圾焚烧可以发电、供热或制冷;砖瓦、灰土可以加工成建材等等。如果能充分挖掘回收生活垃圾中蕴含的资源潜力,仅北京地区每年就可获得 11 亿元的经济效益。可见,消费环节产生的垃圾如果及时进行分类,回收再利用是解决垃圾问题的很好途径。

总而言之,垃圾分类后被送到工厂而不是填埋场,既省下了土地,又避免了填埋或焚烧所产生的污染,还可以变废为宝。在这场人与垃圾的战役中,人们把垃圾从敌人变成了朋友。进行垃圾分类收集还可以减少垃圾处理量和处理设备,降低处理成本,减少土地资源的消耗,具有社会、经济、生态三方面的效益。

二、国内外垃圾分类法规简介

(一)国外垃圾分类情况

1. 日本

日本是世界上垃圾分类工作做得很好的国家之一,其垃圾分类具有 5 个突出的方面:

(1)有关垃圾分类的法律法规十分完备。日本政府制定了 3 个层次的法律来保障垃圾回收的实施。第一层次是基本法《促进建立循环社会基本法》。第二层次是综合性的两部法律,即 2001 年 4 月开始实施的《资源有效利用促进法》和 1970 年制定的《固体废弃物管理和公共清洁法》。第三层次是根据产品的性质制定的具体法律法规,如《家用电器回收法》《建筑及材料回收法》等。在日本,随意丢弃垃圾是违法行为。

(2)垃圾分类各参与主体的责任十分明确。通过法律明确了国家、地方政府、企业和民众各参与者所应承担的责任。国家的责任主要在于制定关于建立循环型社会的基本原则。地方政府的责任则是根据国家制定的基本原则,采取必要措施,确保可循环资源得到适当的循环和处置。企业的责任是根据国家制定的基本原则,采取必要措施,在其经营活动中,尽量减少废弃物的产生。公众与企业一样,有责任尽可能使用长期产品、使用循环物品。同时,公众也有责任协助国家或者地方政府实施有关建立循环型社会的政策和措施,对企业采取的分类收集措施予以配合,主动为建立循环型社会做出自己的努力。

(3)政府承担了大量细致的工作。日本政府除保证垃圾收集、搬运中转等环节的正常运转,以及从事垃圾处理设施的维护、管理、运营等常规事务外,还采取了一系列的手段,强化垃圾减量化、资源化分类及处理。例如,每年印发垃圾分类收集的资料,并以"日历"的形式发给公众,在"日历"中标注各类垃圾收集的时间、回收方法及联系方式,公众在一年中都要按照"日历"投放垃圾。

(4)充分调动民众的参与积极性。日本政府很早就对中、小学生进行环境教育,把垃圾问题纳入小学社会课课本。垃圾要分类、要定时定点扔垃圾,早已成为家喻户晓、老幼皆知的规矩，完全融入生活的方方面面。

（5）采取一定的强制性措施。例如，日本根据垃圾的性质将回收垃圾的时间也进行了分类，避免大家的混装。居民一旦错过某种垃圾的投放时间，得等待下次垃圾车的来临。这种强制性措施的实施，很好地培养了日本国民垃圾分类意识。

2. 美国

美国垃圾分类充分借助了市场的力量，通过经济利益驱动，促进全民进行垃圾分类。例如，美国旧金山为了在全市推广垃圾分类，除了大力加强宣传之外，还采取了两种方式区别收取垃圾费。一是按垃圾丢弃量的多少收取，每户居民每月扔的垃圾多，垃圾费就高，反之则低，这样可以抑制垃圾总量的产生，促进居民自身对垃圾进行再循环处理；二是按丢弃垃圾是否进行分类区别收取，如果居民对丢弃的垃圾主动进行了分类，则收取垃圾费就可以按比例打折。显然这种物质利益和垃圾丢弃行为直接挂钩的方法，直接促进了实施垃圾分类政策的自觉性和积极性。

3. 德国

德国在垃圾分类利用方面走在世界的前列，它们的很多方法值得我们借鉴。德国有比较完善的法律法规来保障垃圾分类工作，如《废弃物处理法》《废物分类包装条例》《循环经济与废弃物处理法》《再生能源法》等，并强化配套相关实施条例。德国从垃圾回收到循环应用主要还是通过私营回收公司完成的。由于法规严密，执行到位，德国政府通过垃圾分类有效地实现大量有用垃圾资源的回收和利用。加之财政政策的支持，使得参与其中的私营公司盈利颇丰，实现了环境保护、资源利用、参与公司盈利的多方共赢的结局。比如在汉堡，每年年初，地方主管机构都会将新一年的"垃圾清运时间表"和"垃圾分类说明"挨家挨户地投到各家的信箱，以方便居民遵照执行。每个生活社区设置专门的轻型包装物回收箱，还有3个成套的专门收旧玻璃的回收桶，分别收集透明、褐色、绿色的玻璃瓶罐。通常在每个小区也设立专门的收集箱。居民还可以按时间表的规定时间，将旧纸捆扎好摆放在自己家附近的街道边，回收公司会及时收取，一般每个月一两次。

4. 韩国

韩国和日本一样，严格执行垃圾分类。特别是首都首尔，更是有非常浓重的环保氛围。根据韩国《非法垃圾排出过怠料征收标准实施令》的规定，未按照该法律规定的方式分类排出垃圾，违者处以最高100万韩元的罚款。

韩国垃圾分类标准非常细致，可回收垃圾可以细分为废纸类、金属类、玻璃瓶类、塑胶类、塑料类、特殊垃圾和大件垃圾7个种类。对于塑料垃圾的处理方法特别严格，韩国要求扔塑料瓶的时候，必须里外清洗干净，把塑料瓶上的标签撕下来，并且把塑料瓶放进透明的塑料袋里，扔到指定的垃圾回收点。不可回收的垃圾也要分类处理，大致分为可燃烧和不可燃烧的。不可燃烧的垃圾，如破碎的玻璃、灯泡、陶瓷等，要装在专用的 PP 麻袋扔掉。剩下的可以燃烧垃圾，装在计量垃圾袋即可。

（二）我国垃圾分类情况

2015 年 9 月，中共中央、国务院印发《生态文明体制改革总体方案》，将制定垃圾分类制度列为一项重要改革任务。2019 年 4 月，住房和城乡建设部等有关部门发布《关于在全国地级及以上城市全面开展生活垃圾分类工作的通知》，决定在 46 个重点城市先行先试的基础上，在全国地级及以上城市全面启动生活垃圾分类工作，意味着垃圾分类工作的全面展开。2019 年 6 月，生活垃圾分类首次被纳入国家立法。固体废物污染环境防治法修订草案初次提请全国人大常委会审议。草案对"生活垃圾污染环境的防治"进行了专章规定。2019 年 9 月，为深入贯彻落实习近平总书记关于垃圾分类工作的重要指示精神，推动全国公共机构做好生活垃圾分类工作，发挥率先示范作用，国家机关事务管理局印发《公共机构生活垃圾分类工作评价参考标准》，并就进一步推进有关工作提出要求。2019 年 10 月，市场监督管理总局、中国国家标准化管理委员会发布《生活垃圾分类标志》，自 2019 年 12 月 1 日开始实施。2019 年 12 月提交全国人大常委会审议的《中华人民共和国固体废物污染环境防治法（修订草案）》增加诸多规定，进一步健全生活垃圾分类制度，明确分类原则。

我国垃圾分类主要遵循以下原则：

1. 分而用之，物尽其用

分类的目的就是为了将废弃物分流处理，利用现有生产制造能力，回收利用回收品。

2. 因地制宜，广泛参与

各地区地理位置、经济发展水平，以及企业回收利用废弃物的能力、居民来源、生活习惯、承担能力等各不相同。不同地区、行业因地制宜，广泛参与，积极践行垃圾分类。

3. 自觉自治，大力宣传

对社区和居民，包括企事业单位，应加大宣传力度，逐步养成"减量、循环、自觉、自治"的行为规范，创新垃圾分类处理模式。让社区居民、企事业单位职工、在校学生等成为垃圾减量、分类、回收和利用的主力军。

4. 减排补贴，超排惩罚

制定单位和居民垃圾排放量标准，低于这一排放量标准的给予补贴；超过这一排放量标准的则予以惩罚。以此提高单位和居民实行源头减量和排放控制的积极性。

5. 捆绑服务，注重绩效

在居民还没有自愿和自觉行动而村（居）委和政府的资源又不足时，推动分类排放需要物业管理公司和其他企业介入。将推动分类排放服务与垃圾收运、干湿垃圾处理业务捆绑，可促进垃圾分类资本化，保障企业合理盈利。

按国家要求，到 2030 年要全面实行生活垃圾分类收集、处置目标。到 2020 年年底，具备条件的直辖市、计划单列市和省会城市（建成区）要实现原生垃圾"零填埋"，全国城镇新增生活垃圾无害化处理设施能力 34 万吨／日。30% 的城镇餐厨垃圾分类收运后实现无害化处理和资源化利用，城市生活垃圾回收利用率达到 35% 以上。垃圾分类工作取得一定成效，但还任重道远。

三、大学生模范执行高校垃圾分类

大学生做好垃圾分类，往大了说，是一项事关国计民生的重要工程；往小了说，垃圾分类事关每个人的卫生健康和生存发展。习近平总书记强调，实行垃圾分类，关系广大人民群众生活环境，关系节约使用资源，也是社会文明水平的一个重要体现。[①] 作为新时代的大学生，承载着国家的未来和民族的希望，是社会文明的示范者和引领者，必须要做好垃圾分类。2020 年暴发了新型冠状病毒肺炎，这次疫情教会我们很多，如要学会勤洗手、戴口罩、时常通风、经常消毒、保持卫生、注重健康，等等。在疫情期间，也有很多大学生志愿者投身于疫情防控第一线，帮助广大的人民群众做好各类防护措施、养成良好的卫生习惯、营造健康的生活和工作环境。垃圾分类本身的目的既是为了变废为宝，也是为了让各类垃圾各归其位，这样才能让我们的生活环境更加干净卫生，减少细菌滋生，守护健康。大学生做好垃圾分类，是卫生健康习惯的一种习得养成，在这一过程中，大学生才能够更好地成长为文明个人。

1. 大学生要树立垃圾分类意识

虽然我国在不断完善垃圾分类制度与法规，但是垃圾分类的最终落实却需要人们建立接受和认同垃圾分类的观念，并对垃圾分类方法等有正确的认识。大学生作为高素质人群、未来国家建设的骨干力量，首先要树立良好的垃圾分类意识。

但是目前有不少大学生垃圾分类意识仍比较淡薄，曾有高校对大学生垃圾分类意识、垃圾分类知识、垃圾分类行为等进行调查，结果显示 83% 以上的大学生不太了解垃圾分类知识和生活垃圾的去向。仅有 26% 的大学生能够准确分辨出垃圾分类的标志。目前我国高校学生对垃圾分类的意义认识、垃圾分类很多标准、方法不明确，导致大学生垃圾分类行为滞后，其主要原因是高校学生的垃圾分类意识不强。要大力加强对大学生的宣传教育，营造提高大学生垃圾分类意识的良好的校园环境。

2. 大学生应熟悉垃圾分类标准

多数高校学生并非不愿意进行垃圾分类，而是不知道如何将垃圾实施分类投放，并且对垃圾分类的标识辨别不清，缺乏垃圾分类的具体知识。因此大学生要好好学习

---

① 习近平. 习近平谈治国理政 第三卷 [M]. 北京：外文出版社，2020.

垃圾分类方法、分类标准以及分类标识，这样才能提高垃圾分类的参与度。

学校也应充分运用校报、校园广播站、学校网站、宣传栏、展板等多媒体、多途径地加大对大学生垃圾分类的宣传教育。可定期邀请环保专家来校园举办国内外垃圾分类工作的进展状况、发达国家垃圾分类工作的先进经验介绍等相关讲座。还可定期组织学生代表参观环卫设施、垃圾分拣设施，以及垃圾填埋场等，让学生更好地了解生活垃圾的处理过程。

3. 大学生日常生活中应严格执行垃圾分类

勿以恶小而为之，勿以善小而不为。垃圾分类在我们大学生日常生活中，是一件看似微小却又意义重大的事。通过教育宣传，让大学生认识到垃圾分类具有重大经济、环境、生态和社会效益。大学生在举手投足间的垃圾分类投放，是利国利民的大事，在自己的日常生活中应积极践行垃圾分类。

大学生在日常生活中更要严格自律，认真执行垃圾分类投放。久而久之，就能形成良好的垃圾分类习惯，提高自己的个人素质和文明水平，为国家经济水平提升和社会文明素质提升做出我们大学生应有的贡献。

第九章　高校学生勤工助学劳动教育与实践

勤工助学，又称为勤工俭学，在国外，勤工俭学被称为 Work – Study Program，简称 WSP，美、日等国家称之为"工作助学"。所谓勤工助学，即"勤以工作、俭以求学"，指的是一边工作，一边过着节俭生活的求学历程。现多指学生利用课余的时间，通过自己参加社会实践的劳动，运用所学科学知识、专业才能等为用工单位提供智力与体力服务，比如通过兼职或者是假期工来获取报酬，继而改善自己学习和生活条件的行为过程。勤工俭学是体力和智力投入的过程，不论是更侧重于体力的投入，还是更贴近专业，能够充分发挥专业所学所进行的智力投入，都属于勤工俭学的形式。而后者，可以说是勤工俭学的更高级形式。

第一节　勤工助学概述

一、勤工助学的历史沿革

虽然说勤工助学自古便有，但是真正发扬光大的是近现代留学生，他们是我们的榜样，他们身上的精神值得我们学习，也需要被当代大学生所认知和继承。近代，中华民族面临着前所未有之变局，为了学习西方先进思想与发达科技，一批又一批的留学生怀着寻求真理、振兴中华的梦想启程出发，他们大多数是勤工俭学的学生。当时的留学之路异常艰辛，勤工俭学还要受动荡社会环境的影响。1912 年 1 月，由蔡元培、李石曾、张德等成立的"勤工俭学会"，以"节俭费用，推广西学，学尚劳动朴素，养成勤洁之性质"，帮助中国青年赴法勤工俭学为社团宗旨，从 1912 年 1 月成立到 1913 年 6 月，先后组织两批共 80 人赴法留学。后因袁世凯为首的北洋政府的阻挠，于 1915 年年初停顿。不久在"工读"思潮的推动下，再次兴起。1915 年 6 月，蔡元培、李石曾、吴玉章等再次成立勤工俭学会。提出"勤于工作，俭以求学，以增进劳动者之知识"为宗旨。"五四"运动以后，规模也扩大了，在 1919 年到 1920 年间达到高潮，参加赴法留学的有 1600 多人。

大批去法国的留学生，他们的经历是我们难以想象的。"一战"后的法国工厂倒闭、工人失业、物资匮乏、经济萧条，勤工俭学学生到达法国后，生活、学习、工作条件都很艰苦。但是大多数留学生依然能够坚持自己的初衷，依然努力寻工做工、补习法文、学习知识、认识社会。在法国的工厂学校，他们开阔了眼界，学到了很多知识技艺；

在与法国工人、学生的相处中，增进了相互间的了解；留下友谊的印记。其中的一些先进分子则在法国实地研究考察革命的理论和经验，为探索中国革命、建立新中国寻找道路。可以说，留学法国为他们提供了一个难得的舞台，一方面，陌生的社会、经济的困难、劳动的艰苦使他们对资本主义社会本质有了切身的认识；另一方面他们有了走出国门学习各国革命经验、研究马克思主义的机会，培养了纵观全局的国际视野。他们后来在中国革命、建设、改革中发挥了独特的作用。

改革开放以来，随着国家教育体制的改革和素质教育的全面铺开，勤工助学成为大学生实践活动的重要环节。我国相关职能部门和各级政府根据实际情况，逐步建立了以"奖、贷、助、补、免"为主体的多元化高校贫困生资助体系，其中作为我国高校资助体系中重要组成部分的勤工助学，一直受到国家相关职能部门和高等院校的重视。近年来，教育部、财政部印发《高等学校勤工助学管理办法（2018年修订）》等一系列政策文件，为高校大学生勤工俭学提供指导和帮助。

二、高校勤工助学的主要形式

1. 协助教师做研究

一些学习成绩较好、专业水平较高的学生，既能够充分利用自己的专业和专长来协助教师进行科学研究，以实现自身专业知识及能力的进一步锻炼与提升，同时还能够赚取一定的劳务费用。当然，由于大学生的科研能力总体上来讲仍处于较低水平，只有少数大学生能够协助教师做研究。

2. 课余时间外出打工

大学的课余时间相对来讲较多，一部分大学生会利用课余时间或者是寒暑假兼职，比如到餐馆做服务生，或者做家教等。结合目前高校大学生勤工俭学实践情况来看，课余时间外出打工是最为普遍和常见的形式，大学生可以结合自身课程学习时间来灵活地安排勤工俭学计划。

3. 从事商业经营活动

大学生从事商业经营活动需要投入一定的物力、财力与精力，同时也可能影响学业，学校一般不提倡。当然，有些大学生具有良好的商业经营想法和头脑，也能够处理好商业经营与学业之间的关系，利用课余时间来进行商业经营。在"大众创新、万众创业"的时代背景之下，很多大学生在进行勤工俭学的过程当中，将目光投向了创新创业，通过构建自己的团队，为企业单位或个人制作商业计划书，或者充分发挥专业特长进行技术研发。在这个过程中，大学生一方面可以获取经济报酬，另一方面也积累了经验，增长了才干。

目前，各大高校正在积极探索与创新大学生勤工俭学的指导与组织工作，大力推进大学生勤工俭学中心的建设，以实现对大学生勤工俭学的统一组织、管理与协调。

高校每年也会为大学生尤其是贫困大学生提供一些勤工俭学的岗位，以帮助他们顺利完成学业。当然，不可否认的是，目前各大高校在大学生勤工助学的指导与组织方面也存在水平不一、参差不齐的问题，总体来讲，高校所能够提供的勤工助学服务目前还处在初级阶段。在很大程度上，大学生勤工俭学是需要依靠自己去探索。

三、当前高校勤工助学的现实问题

1. 内容庞杂且层次较低

选择何种工作来实现勤工助学，是大学生自己的权利。就目前情况来看，现阶段大学生勤工俭学的内容庞杂且层次较低。从高校大学生勤工俭学的服务类型来看，家教、餐厅清洁工、运输员、销售等工种仍然占多数。大体上从事单纯体力打工的比例较大，也就是说很多学生并不能够充分发挥自己的专业优势及特长。这样的勤工俭学过程，缺乏育人功能的实现，甚至还会导致大学生形成急功近利的思想。

2. 勤工助学体系不健全

目前，虽然高校强调和鼓励大学生尤其是家庭经济条件困难的大学生广泛参与勤工助学，然而，现实的情况是很多高校勤工助学体系并不健全和规范，相关管理条例与规章制度较为缺乏，不少高校没有配备独立的办公场所和专职教师，大学生勤工助学指导工作大多由团委或学生处教师监管。这样一来，勤工俭学体系的不健全，使得学生参与勤工俭学的广度与深度得不到有效保障，最终使得高校勤工俭学工作发展缓慢且成效不佳。

3. 勤工助学体系混乱

一些高校在对学生勤工助学过程中指导不足，介入不够，加之大学生自身社会经验不足，使得一些中介公司或个人钻空子，利用大学生着急寻找兼职工作的心态，向大学生收取高额押金或服务费，或是将大学生当作廉价劳动力任意拖欠或克扣他们的工资报酬。另外，有的大学生没有在学校勤工俭学备案，私自在外做兼职，一旦出现纠纷，校方难以干预，学生维权将困难重重。

第二节　勤工助学的意义

勤工助学作为我国大学生社会实践的一个重要形式，在高等教育中发挥着不可替代的作用。勤工助学活动是大学生参与社会实践、树立正确劳动观念的重要途径，是培养大学生艰苦奋斗精神的重要手段。参与勤工助学的大学生，依靠自身具备的知识和技能，在课余时间参与校内外技能型、事务型、研究型、艺术型等劳动，从而获取社会知识，培养实践能力，锤炼意志品质，并获得相应经济报酬。

在具体实践过程中，将勤工助学与高校日常管理相结合，有利于实现勤工助学为大学生的成长成才服务的初衷，发挥勤工助学的资助育人功能，从而全面提高学生的综合素质。勤工助学这一重要的育人意义，具体表现在以下几个方面：

一、促进学生思想道德素质的提高

大学生积极投身于社会实践，紧密结合实际，不断加深对自身和社会的认识，可以提高改造主观世界和客观世界的能力和自觉性。勤工助学就是当前高校学生参加社会实践活动的重要形式之一。

大学生的思想道德素质需要不断地通过道德修养的实践过程加以提高。道德修养作为人类道德实践活动的重要形式之一，是指个体自觉地将一定社会的道德规范、准则及要求内化为内在的道德品质，以促进人格的自我陶冶、自我培育和自我完善的实践过程。加强道德修养，提升个人品德，应借鉴历史上各种积极有效的方法，并结合当今社会发展的需要身体力行。这些方法主要包括学思并重、省察克治、慎独自律、知行合一、积善成德，其中的知行合一，即把提高道德认识与躬行道德实践统一起来，以促进道德要求内化为个人的道德品质，外化为实际的道德行为。勤工助学这一学生时期特有的实践形式，能够帮助大学生在实践的过程中认识自己、认识他人、认识社会，学习掌握运用道德规范，正确调整自己的行为，做到明大德、守公德、严私德。

大学生处在世界观形成的关键时期。在这个关键的成长学习阶段，大学生通过勤工助学的社会实践方式，走出相对狭窄的课堂学习范围，接触社会，了解民生，投身到火热的现实生活，从而能够了解和认识社会的政治、经济和文化各个方面的变迁和基本国情，加深了解改革开放的伟大成就，增强社会责任感，加深对党的大政方针的理解，更加自觉地坚定道路自信、理论自信、制度自信、文化自信。

二、促进大学生业务素质的提高

勤工助学的过程是大学生在实践中拓展知识、补充能力的过程。这主要体现在三个方面：一是知识结构的补充；二是知识领域的拓展；三是知识层次的提升。

学校课程结构再严谨，也不能涵盖所有的内容，在人类知识体系不断变化的现代社会里，最新最生动的知识往往难以及时进入高校的课本和讲台。勤工助学则可以使大学生有机会从丰富的现实生活中学习、体验真知，补充知识结构，拓展知识领域，并实现实践与理论、感性认识与理性认识的知识层次的飞跃。

勤工助学工作和大学生以后的工作岗位具有很多的相同之处，特别是在业务素质的要求上，基本是一样的。勤工助学的岗位，能够为大学生提供一个锻炼业务素质的舞台，对于促进大学生业务素质的提高有很大的帮助。而且，大学生勤工助学的内容一般与自己所学的专业相关，从而更加能够促进他们将理论与实践相结合，促进校园与社会相结合，培养大学生的创新意识和实践能力。

勤工助学为大学生提供了一个提高业务能力的实践舞台，同时也有利于培养大学生的动手能力和生活技能。总之，勤工助学是提升大学生业务素质的有效途径。

三、促进大学生自立能力的形成

目前，由于家庭的宠爱、学校劳动教育的不足和社会风气的影响，一些大学生中存在缺乏基本劳动习惯、轻视体力劳动、劳动态度不够端正、就业创业脱离实际等劳动情怀淡薄的现象。勤工助学活动不但可以消除大学生"等""靠""要"等依赖思想，增强劳动观念，还可以使他们在劳动中养成吃苦耐劳、勤俭节约的生活习惯，提高自我管理和独立生活的能力。

在精神上，勤工助学有利于培养大学生自立自强的精神品质。勤工助学使得大学生的生活空间扩大了，接触的事物和遇到的困难增多了，有得有失，有成功有失败，这种生活中真实的体验和历练，使得大学生逐渐形成独立思考问题、分析问题和解决问题的习惯。

在实践中传承自立自强的中华民族传统美德和艰苦奋斗的革命道德。自立自强是中华民族的优秀品德，也是中国传统文化中自始至终倡导的人格品质。自立自强对于促进个体与社会发展具有重大价值，离开了自立自强，无论是一个人、一个民族或是一个国家的发展都会陷入举步维艰的境地。一部中国近现代史就是一部中国人民自立自强的奋斗史，因此新时代的青年大学生要自觉担当民族复兴大任，应当在勤工助学的实践当中培养自立自强的优秀品质，锻炼过硬的专业技术能力。

四、促进大学生心理健康的发展

2018年教育部、财政部新修订的《高等学校勤工助学管理办法》，更好地发挥了勤工助学育人功能，提高家庭经济困难学生的社会化技能。但是很多家庭经济困难学生因生活压力而产生一系列心理问题造成心理贫困，严重影响到高校安全稳定和贫困生的成长成才。2017年教育部党组印发《高校思想政治工作质量提升工程实施纲要》，将全面推进资助育人、心理育人纳入"十大育人体系"。

家庭经济困难学生的心理贫困主要是指处于经济窘况状态的大学生，因为面临比一般的大学生在经济、精神上更大的压力，而在心理上表现出来的未能达到大学生心理健康标准的有心理偏差的心理失衡状态。他们常常表现出一系列的心理问题、心理疾病以及心理危机。

据有关调查显示，高职家庭经济困难学生主要来源于农村地区，尤其是边远山区的农村。他们的心理贫困主要表现在以下方面：一是自我认知显迷茫。经常表现出自卑、敏感、焦虑。二是人际交往遇障碍。渴望融入集体，希望与他人交流，但不敢交往或脱离群体，孤立自己而形成自我封闭，甚至误把别人的关心看成冷嘲热讽。三是学生就业有压力。因经济贫困原因缺少相应的学习设备致使学习质量偏低，继而引发就业竞争能力不够强,产生了消极应对心理,导致心理压力的出现。四是自信心程度偏低。高职贫困生在经济上相对紧张,往往缺乏自信心,对自己的能力及未来容易产生怀疑。五是依赖心理。国家、社会、学校长期的无偿资助,反而促使一部分贫困学生把"贫困"作为一种获得利益的资本,萌生了"等、靠、要、拿"的思想,不积极寻找解决困难的出路,总想着"坐享其成""不劳而获",依赖国家、社会、学校的经费资助,使得贫困学生及其家庭形成了一定程度的依赖心理。

实践证明,勤工助学是缓解经济困难学生的经济和心理双重负担,避免其产生心理疾病、促进其心理健康发展的有效途径。勤工助学对贫困大学生心理健康的作用主要表现在以下几个方面:

1. 有助于经济困难学生正确认识自我,形成积极向上的人生态度,提升自我效能感

自我效能感是美国著名心理学家班杜拉1977年首次提出。他认为,所谓自我效能感,是指人们对自身能够利用自身所拥有的技能去完成某项工作行为的自信程度。自强自立是人类战胜困难、奋发图强的思想法宝。大学在家庭经济困难学生的心理帮扶、心理资助工作中,应当采用多种方式引导大学生科学地认知自我、正确定位,提升学生自我效能感,促进家庭经济困难学生自尊、自立、自信、自强良好个性品质的形成,强化大学生积极面对生活困难和挑战的能力。勤工助学活动是高校大学生的社会实践活动之一,有助于提升高校贫困学生养成积极面对困难,端正好心态的习惯,提高家庭经济困难学生对自我的认知、认可,不断增强自我效能感,提高自信心,有助于实现"自助助人"。

2. 有助于经济困难学生拓展社会支持系统,提高交际能力

参加勤工助学活动的学生,基本会与来自不同院系、不同专业、不同班级和不同地域的学生一起活动,扩大了交往的范围和对象,加大了人际交往的力度,增强了家庭经济困难学生之间的交流能力、人际适应能力、合作能力,也无形中扩大了家庭经济困难学生的社会支持系统。从某种程度和实际实践角度来看,完善的社会支持系统是高职家庭经济困难学生"心理脱困"的基础。

3. 有助于提高经济困难学生的社会适应能力,消除偏激心理

据观察发现,很多贫困学生的心理问题大部分来源于不合理的信念、期望。美国心理学家埃利斯在1955年创立了"情绪ABC理论"。他认为,问题的情景或者事件的本身并不足以使人们产生心理问题,人们对事件的观点、评价、看法(信念),才是心理问题产生的根源。贫困学生普遍认为自己的不幸福、不快乐、不顺利、不如人是家庭经济等外在因素造成的。因此,在生活中经常表现出较多的自卑、敏感,不积极、不主动现象。勤工助学活动既能给高校家庭经济困难学生提供一定的经济收入,缓解生活压力,又有助于增强家庭经济困难学生的责任意识和劳动意识,有助于消除"等、

靠、要"的惰性心理和不劳而获的思想，也锻炼了家庭经济困难学生的践行能力，激发他们重新获得自我的确认，进而调整自我，树立正确的自我意识。

4.有助于增强经济困难学生的学习能力，提高个人竞争力

一般情况下，高校的勤工助学活动形式是多样的。高校在开展勤工助学活动时，如果能把专业学习、技能培养、务实精神、综合素质的提升、人才培养目标等结合在一起，以参加实践为途径，既能推动学生学习的动力，拓宽不同领域的专业知识，又能促使学生学会分析问题，利用所学知识去解决问题，完成任务，强化了学生对知识学以致用的能力，更激发了学生的热情和兴趣，客观上实现了实践与理论相结合的成才道路。同时，高校贫困学生的主动意识、创新意识、持久力、自信心、自我效能感在不知不觉中得到了锻炼和提高，个人竞争力也将随之得到不断增强。

五、促进大学生的社会化进程

社会化贯穿于人的整个生命历程，是每个人必须面对和经历的过程。大学生社会化成功与否，直接关系到他们的成才和发展，甚至会影响到他们一生的命运。

大学生在进入高校学习前，大多数都是以未成年人的身份在学校中学习，对社会纷繁复杂的各个方面了解不多，而经过大学几年的学习，大学生又必须以一个社会人的身份进入社会，接受社会的竞争和挑选。因此，在大学期间，如何完成这个社会化的过程，显得十分重要和必要。完成社会化的过程包括以下的基本过程：了解社会、体验社会角色、教育自我融入社会、正确应对社会的竞争与挑战。

大学生通过勤工助学，承担具体的工作职责，可以扩大人际交往面，接触到社会各个阶层的人士，亲自体验不同于学生的社会角色，有利于他们正确认识自己、教育自己、完善自己，逐步缩小自己与社会期望值之间的距离，加速大学生的社会化进程。

六、促进大学生求职竞争力的提高

随着高等教育的大众化发展，大学毕业生的就业问题也成为社会关注的热点。大学生在校期间参加勤工助学这样的社会实践活动，是职业教育的一部分，可以为今后自己职业生涯的发展做准备，是职业生涯的"实习期"。高校的勤工助学使学生通过这一窗口了解社会、服务社会，通过一定的劳动得到社会的认可，是积累求职竞争力的很好途径。事实上，不少学生在勤工助学的过程中看到了当今社会急需什么样的人才，也看到了自己的理论知识和实践能力的差距。这方面的收获，促使学生有针对性地提高自己的求职竞争力，为将来的就业和更好地面对、适应社会打下坚实基础。

当前，大学生勤工助学已经成为一种普遍的社会现象。当代大学生的勤工助学随着社会大环境的变化，在经历了无偿服务、部分有偿到按劳计酬等发展阶段后，正摆脱仅仅以经济收入为目的的单一内涵，出现多种需求层次共同存在的丰富内涵，发展成当代大学生自我教育、自立成才的多层次、全方位的社会实践活动形式。

第三节 高校勤工助学的岗位设置

一、指导思想

为帮助家庭经济困难学生顺利完成学业,促进学生健康成长成才,学校各部门可根据本部门的工作性质、工作内容和实际需要设立适宜大学生开展勤工助学的岗位。通过勤工助学实践活动,培养学生自立自强的精神和良好的职业素养,增强学生实践能力,全面提高学生综合素质,营造资助育人、管理育人、服务育人的良好氛围。

二、受聘对象及要求

(1)在校在册的家庭经济困难学生。

(2)能自觉遵守国家法律和学校各项规章制度,道德品质良好,吃苦耐劳,责任心强。

(3)学有余力,课余时间比较宽裕。

(4)前一学期受过纪律处分或两门以上课程成绩不合格者,原则上不安排上岗。

(5)每位学生只能应聘一个岗位。

三、岗位设置要求

(1)勤工助学岗位的设置要本着实事求是的原则,根据本单位教职工人员编制及实际工作需要进行设置,确保岗位设置的合理性和必要性。

(2)勤工助学岗位的设置应以智力服务、劳动服务和促进学生的职业发展为主,并从工作的实际需要出发,充分考虑学生学习情况及专业相关性。

(3)校内勤工助学岗位分固定岗位和临时岗位。固定岗位是指持续一个学期以上的长期性岗位和寒暑假期间的连续性岗位;临时岗位是指不具有长期性,通过一次或几次勤工助学活动即完成任务的工作岗位。设置勤工助学岗位的工作性质和内容应适宜学生参与,不能影响学校正常的教学、生活秩序和校园管理,不能影响学生的身心健康和学习主业。岗位学生主要从事单位日常辅助性工作,不得独立承担单位主体性工作,学生参加勤工助学的时间每周不得超过 8 个小时,每月不得超过 32 个小时。

(4)鼓励、支持后勤服务单位、校办产业和校内其他经营性服务单位积极为学生提供勤工助学岗位。

(5)勤工助学岗位不能重叠、交叉,每个勤工助学岗位必须有一名老师指导学生开展活动,每名学生只能被聘任到一个勤工助学岗位。

（6）各申报单位高度重视，加强统筹。本着"谁用人谁管理"的原则，安排专人负责，开展勤工助学学生的选拔、管理、考核、工资表的报送等工作。

四、岗位设置程序

（1）机关部门、直属业务单位设置勤工助学固定岗位，必须于每学期初填写"勤工助学岗位（固定岗位）设置申请表"，报学生处审批；学生处对各单位申报的岗位情况进行审核，根据各单位工作实际情况确定设立的岗位数。

（2）机关部门、直属业务单位设置勤工助学临时岗位，需提前一周填写"勤工助学岗位设置申请表"，报学生处审批。

（3）未按照学生处规定时间申请勤工助学岗位的单位，原则上不再新设勤工助学岗位。

（4）学校勤工助学岗位设置由学生工作领导小组审批。

五、勤工助学岗位受聘人员聘用程序

1. 线上报名：学生可登录学生资助信息管理系统，在勤工助学模块中查看招聘详情，并进行线上报名。每名学生最多可报3个固定岗位，并最多被1个岗位录用。各用工单位可提前在系统中查看报名学生详情。

2. 各二级学院审核、筛选条件符合的学生。

3. 用人单位审核，并组织面试。

4. 报学生处审核备案。

5. 正式录用后由用人单位集中培训上岗。

六、勤工助学岗位考核

校内各用工单位（含个人）负责每月对上岗学生进行考核，每月末在勤工助学信息系统中填写工作表现和实际工作时间等信息并经双方确认后提交，考核内容作为学生报酬发放依据，由勤工助学办公室负责监督审查。

（1）考核宗旨：考核必须坚持公平、公正的原则，考核过程中严禁弄虚作假。

（2）考核目的：了解本院勤工助学人员的工作情况，提高勤工助学工作人员的工作态度、工作能力和工作效率。

（3）考核对象：在校勤工助学岗位全体工作学生。

（4）考核办法：①根据不同部门勤工岗位工作需要，每月由用工单位对勤工学生一个月的工作表现进行打分，最后结果作为决定续聘、解聘的依据。②本考核制度实行积分量化，考核表为百分制，分为五个等级：不合格（60分以下）、合格（60~69分）、良好（70~79分）、优秀（80~89分）、特优（90~100分）。考核内容分为勤工助学日常工作、工作态度和其他三个方面。勤工助学日常工作为60分，包括值班出勤率及准时率、是否能按时完成规定的勤工助学任务等内容；工作态度为 30 分，包括工作的主动性以及对指导老师的礼貌礼节等内容，其他项为 10 分，包括突出劳动事例和优良作风等方面。

（注：以上考核内容为基础项，指导老师可根据需要自行增加考核项并计入总分。）

对考核不合格者，给予批评和警告，连续 2 次考核不合格者，将视具体情况处理，严重者将劝退勤工助学岗位。若学期中途需要进行人员调整，也将对得分较低者进行劝退。

七、校内勤工助学岗位酬金标准

（1）固定岗位按月发放酬金（另有说明的专项工作岗位除外），每学期发放 5 个月，每学年 10 个月。

（2）临时岗位按 15 元／小时计算，每月不得超过 40 个小时。

第四节 大学生正确处理勤工助学与学习的关系

大学生勤工助学作为学生资助制度的一个重要组成部分，对于解决学生经济来源问题、锻炼动手能力以及培养自立精神，尽早适应社会等，具有重要意义。一方面，勤工助学是针对贫困大学生的助学措施，是贫困大学生通过自身劳动获得报酬的形式，是解决贫困生源上学和在校日常生活的一种有效途径。另一方面，勤工助学指学生利用课余时间通过自己的劳动，促进德、智、体、美、劳全面发展，增长才干，并通过兼职或假期工作的报酬以改善学习和生活条件的行为。因此，大学生勤工助学要正确认识勤工助学的目的和意义，对于勤工俭学和学习之间的关系要有一个正确的态度。

一、大学生须正确认识勤工助学

（一）勤工助学的对象是贫困生

随着新的收费制度的实行，高校中贫、特困学生逐年增多。这部分学生主要来自农村、边远山区等。当中很多是来自多子女上学、双下岗工人、父母年迈、亲人重病（或残疾）或是单亲家庭。高校开展的勤工助学是帮助贫困学生解决学费和日常生活的有效途径。可以通过帮助贫困学生解决上学问题，安抚贫困生，给贫困生带来求知的希望。通过勤工助学，让学生感受到自己的付出与收获，同时可以增强他们的自立自强意识，对于他们往后的成长成才、社会的安定有序，甚至国家的长久发展都是有利的。由此可见，高校勤工助学的设置，针对的是有切实需求的贫困学生。有需要的学生可以按照正常程序进行申请，而能够解决自己学费、生活费等资金问题的学生应该将勤工助学的名额留给真正有需要的同学。当然，学校在这方面也要做到严格规范，要严格管理申请、审核、公示等程序，保证做到公平、公正、公开，将学校的勤工助学真正落到实处，真正发挥它的作用。

（二）提供实践平台以拓展知识

学生求知途径可以有两种：一种是从书本中间接获得，另一种是直接来自社会实践。而勤工助学提供的岗位，就是提供了一个社会实践的平台，可以发挥其知识拓展的功能。其一，勤工助学可以优化知识结构。大学课程专业性强，学生主要围绕本专业的学习。为此，学校课程不可能涵盖到所有方面，涉及所有领域。社会的变化永远比书本的理论知识更新得更快，所以，最新最快的知识只能是在实实在在的实践中获得。于是，勤工助学可以使大学生直接投身于丰富的现实生活，与现实社会有一定的接轨，并从中获得书本没有的知识。所以，大学生在勤工助学中要意识到这个平台为自己创造的价值，要在获得金钱资助的同时珍惜投身实践的机会。其二，在勤工助学中，个人知识领域得到延伸。大学生进行勤工助学所接触到的工作，对于他来说是一个知识领域，可以获得知识，得到锻炼的机会。其三，勤工助学可以实现大学生学习中理论和实践的相互转化。大学生学习的过程是一个认识的过程。认识一般需要经过两次飞跃，第一次飞跃是完成书本知识的学习。另外，运用所学的知识更好地为社会实践服务，发挥认识的能动性，这是第二次飞跃。而参加勤工助学，学生把个人在书本上学习到的理论知识融入勤工助学，从而完成由感性到理性的转化。可以说，勤工助学使得所学的知识得到实践的检验。因此，大学生一定要正确看待勤工助学这个平台。它不仅仅是社会实践，还是理论的客观运用，在勤工助学过程中必须结合自己的主观和客观的需求，认真思考勤工助学的初衷和延伸的意义，发挥学校给予的这个勤工助学机会的最大价值。

（三）学生勤工助学认识有待提高

高校勤工助学工作日益得到社会、学校和家庭的重视。勤工助学的帮扶功能和育人的意义，也正在为广大学生和学校所接受。高校勤工助学的实行，在一定程度上可以解决贫困学生的日常生活，并在一定程度上有益于大学生的身心健康。但是，勤工助学在实行的过程中同样面临一些问题，主要表现如下：一是勤工助学岗位不足问题。许多高校有专门设置勤工助学的岗位并有专门的管理。但是贫困学生的人数很多，而学校的勤工助学岗位又是有限的，所以校内助学岗位供不应求成了常态。二是大学生勤工助学的认识问题。高校中大部分学生对于助学的意义是有明确的认识的，特别是贫困生。他们通过申请学校的勤工助学岗位，参加勤工助学活动，用实际行动克服经济困难。但是有一些学生在勤工助学目的和行动上对勤工助学的认识就有偏差。他们认为勤工助学就是为了赚钱。这归根到底还是大学生对于勤工助学目的认识不够造成的，对此应该引起学校和家庭的重视。

勤工助学的问题当然并不止这些，每个学校都有自己的问题和解决办法。而对于上述阐述的问题，高校在引起重视的同时，大学生也要有一个正确的认识。比如面对工作岗位的问题，尽量选择校内勤工助学。对于勤工俭学的动机，学校应该予以重视，要正确传达学校勤工助学的必要性以及学生勤工助学的目的。正确引导大学生在勤工俭学时与自己的专业学习、能力培养、务实精神和成长成才要求紧密结合起来，时刻谨记在校园内自己的第一身份是学生，相应的第一任务就是学习。

二、大学生要正确处理勤工助学与学习的关系

（一）合理选择和安排勤工助学

如前文所述，首先要对勤工助学有正确的认识，勤工助学指的是学校为解决贫困学生的学费、生活费等安排的在校劳动岗位，贫困学生通过参与勤工助学可以获得一定的经济收入或补贴。大学生即便打算参加勤工助学，也应该合理地安排自己的学习，有意识地选择能够锻炼自己的工作，不与正常上课学习时间冲突。大学生参加勤工助学是应当鼓励的，但是要坚持以学习为主、锻炼能力、提高本领的原则。在时间安排上，不能影响课堂的学习，在助学认识上，正确认识自己勤工助学的目的，清楚学习和助学之间的关系。在大学里，参加类似于勤工助学这样的活动是有可能得到锻炼自己的机会的，但是一定要根据个人情况来决定是否申请勤工助学。申请并得到勤工助学机会后，要规划好自己的时间，合理安排学习时间和其他的活动，这其实也是对大学生管理自己事务能力的一次培养。

（二）珍惜在校时间主攻学习

大学生在校的学习，主要还是学习理论知识和实践经验。角色是学生，那么主要任务就是学习。但是现在的教育资源给学生提供实践体验的机会较少，除了部分实践性质的专业外，其他文科专业基本很少实践。而缺少实践导致了学习效率低下，要解决这个问题，勤工助学是一个不错的途径。学习与勤工助学是主次关系，应着重把握主要矛盾，抓学习这个重点，抓学习这个中心，当然也不能忽视勤工助学对贫困学生上学困难问题的解决，要统筹兼顾。勤工助学对学习是有一定影响的，关键在于大学生怎么平衡两者之间的关系。

大学生通过勤工助学能够有机会将书本的理论运用于实践，通过实践检验书本理论的缺陷，这样一来对大学生也是有利的。通过勤工助学，他们既可以获得相应的报酬，又可以学到不少东西。但是要谨记：学习是基础，实践是根本，理论服务于实践，实践是理论的来源，二者缺一不可，始终都是要相互促进的。

(三)理论与实践相结合培养综合能力

社会到底需要什么类型的大学生,不同的用人单位有不同的录用标准。但总的来说,用人单位最看重的还是综合素质。其中,专业知识水平又是首要因素。但是对学生实际学习状况的考察又不能单纯地通过在学校的考试分数和名次来衡量,而是要更重视学生的实际水平和专业知识的应用能力。

从个人适应社会的角度而言,现代社会是一个学习型的社会。当前的就业形势,光有学历还是远远不够的,用人单位早已认识到员工工作能力的重要性,因此有些单位会注明招聘优先条件为"有工作经验者优先"或者直接就是要求"有×年工作经验"。而工作经验和工作能力主要是靠实践来获得。在这里,并不是说大学生特别是应届毕业生就没有机会。而是讲大学生在学校除了学习书本知识外,还可寻求各种途径提高自己的动手能力、解决问题的能力、应对突发情况的能力等等,这才是社会需要的综合素质人才。所以,勤工助学是一个既可以让大学生安心学习书本知识的途径,又是一个调节自己心理的机会,更是一个大学生锻炼自己的平台。为使大学生更好地适应未来的社会,提倡大学生好好学习自己的专业课,在学好专业课的同时可以适当参加勤工助学来锻炼自己能力、提高自己的素质。

西班牙著名思想家奥尔特加·加塞特说过:"大学首先应该把普通人培养成有文化修养的人,使他们达到时代标准所要求的高度。"[1]也就是说大学的基本职能在于帮助学生获得适应社会需求的知识和能力,用这样的知识和能力去谋求就业和自身的未来发展。因此,对于大学生来说,增长知识和锻炼能力永远是第一位的。

---

[1] 奥尔特加·加塞特.大学的使命[M].徐小洲,陈军,译.杭州:浙江教育出版社,2001.

第十章　新时代大学生义务劳动教育与实践

劳动是我国公民的权利和义务，是人们谋生的主要手段。在历史的长河中，劳动改造了人，创造了人类文明，推动人类社会向前发展，因此，人民群众既是伟大的劳动者，也是人类文明的开创者。列夫托尔斯泰曾说，"人的幸福存在于生活之中，生活存在于劳动之中"①，说明劳动还是人生的幸福源泉。而义务劳动是我国社会一种特殊的劳动方式，也是各行各业、机关事业单位、各级各类学校普遍存在的公益性劳动。长期以来，国家提倡实行义务劳动。在我国，义务劳动已经成为一种思想自愿和行动自觉，充分体现了人们的一种集体主义精神、奉献精神和创造精神，产生了强大的鼓舞人心的精神力量，曾为国家建设做出过积极的贡献。作为培养社会主义事业建设者和接班人的高等院校，开展义务劳动教育与实践对当代大学生树立劳动光荣、乐于奉献的理念，锻炼强健的体魄和养成吃苦耐劳的精神具有难以替代不可或缺的作用。

第一节　义务劳动概述

一、大学生义务劳动教育的内涵

学校义务劳动是学生参与劳动教育的一种有效的方式。高校义务劳动教育的本质含义是指高校通过对教育对象实施义务劳动理论教育，有目的、有计划、有组织地让教育对象适当参加义务劳动实践活动。学生通过运用自己的体力和智力改造自然界和人类社会，形成正确的义务劳动价值观，养成良好的劳动素养，是融"德、智、体、美、劳"为一体的全面提高学生素质的综合性的教育活动。

我国鼓励和支持青年参与社会实践和公益服务，推动理论学习与义务劳动实践相结合。2018年9月，习近平在全国教育大会上重申应"培养德智体美劳全面发展的社会主义建设者和接班人"②，这一重要讲话指明我国十分重视对学生的义务劳动教育，将劳动教育从传统意义上的教育活动升华为新时代人才培养体系中的重要组成部分，把劳动教育纳入党的教育方针，将我国劳动教育的理念提升到一个全新的高度，这给我们进行义务劳动教育提供了可能性。2020年3月，中共中央、国务院发布《关于全

---

① 列夫托尔斯泰.战争与和平[M].长春：吉林摄影出版社，2004.
② 习近平.习近平在全国教育大会上强调坚持中国特色社会主义教育发展道路培养德智体美劳全面发展的社会主义建设者和接班人[N].人民日报，2018-09-11（1）.

面加强新时代大中小学劳动教育的意见》，对于全面贯彻党的教育方针、实现"形成更高水平的人才培养体系"的战略目标具有重要意义。随着新时代发展和现代科学技术发展不断加快，大学生崇尚劳动、提高劳动技能具有积极意义。学校义务劳动易操作又有实效价值，是大学生学生参与劳动、接受劳动教育的最佳途径。高校要利用提升学生的义务劳动技能的有效载体，从理念方法和文化知识等多个角度出发培养契合时代发展所需的新型人才。

二、大学生义务劳动教育中存在的不足

近年来，大学义务劳动教育取得了一定成绩，但仍存在一些不足之处。当前，高校大学生的义务劳动教育存在在家庭中被软化、在学校中被弱化、在社会中被淡化的现象。

1. 教育者对学校义务劳动教育的本质及内涵认识肤浅

教育者在指导思想上未能坚持全面发展的方针，过分突出智育，忽视德育与体育，把义务劳动教育等同于"体力劳动"。教育者应指导学生参与以生产实践为主的义务社会实践活动，如公共场所卫生保洁、植树造林护林、服务老弱病残人员、从事公益性劳动等活动，引导他们在义务劳动中形成价值观、掌握劳动的知识与技能。

2. 没有深入理解义务劳动教育内容的丰富性及多元性

义务劳动教育不被重视、缺位失位，把义务劳动教育窄化、将其等同于"一门学科"是当前部分高校中存在的问题。高校应基于义务劳动实践课程的课堂灌输来鼓励、组织与引导大学生实现知与行的统一，并赋予义务劳动教育在育人中的地位和价值。

3. 对义务劳动教育缺乏整体设计

不少学校的义务劳动教育看上去都很务实，如通过校园文明建设、日常生活劳动的形式组织学生做事、操作和实践，但有的高校在义务劳动教育的实施中缺少系统性、整体性的思考和设计，未能依据学生身心发展状况和社会发展的需要而系统性和创造性地开展义务劳动教育，从而导致出现教育效果不理想等情况。

第二节　义务劳动的意义

实现中华民族伟大复兴的中国梦，离不开新时代大学生的辛勤劳动。高校是大学生义务劳动价值观形成的关键时期，大学生应该主动参与到义务劳动实践中，感受义务劳动观念、义务劳动教育和劳模精神所具有的独特魅力，不断提高各项劳动技能，提升综合素质，更好地实现自我价值。

一、培养为实现中华民族伟大复兴发展所需的时代新人的客观要求

1. 加强和完善义务劳动教育是大学生与社会对接的必要链接

高校作为国家创新体系的重要组成部分，担负着为社会培养德、智、体、美、劳全面发展人才的神圣职责。随着时代的发展，社会问题、工作问题、健康问题等问题错综复杂，高校应按照国家发展战略和社会需求设置专业和课程，注重适用性、职业性和超前性。在高等教育领域，虽然通过大学扩招解决了升学难问题，但培养出的部分毕业生存在"高分低能""理论脱离实际"等现象，社会适应能力差，无法满足现代社会对人才的实际需求。学校倾向专业技能、知识理论的学习，过分强调对书本知识的学习与掌握，忽视学生的实践体验和实际锻炼，这样不仅对学生的发展不利，而且也给我国的人才培养及社会主义现代化建设带来阻碍。高校坚持在专业教育中渗透义务劳动教育，有针对性地培养大学生卓越的义务劳动品格、增强大学生的社会责任感，是实现学生与社会全面对接的必要链接。

2. 义务劳动教育是培育和践行社会主义核心价值观的有效途径

随着时代的变革与互联网的发展，当代大学生虽然走的是专业知识与实践相结合的发展道路，但大学生的意识形态呈现不同的特点，价值取向呈现多元化趋势。新时代加强大学生义务劳动教育，通过把社会主义核心价值观的多维理念植入义务劳动教育系统内，充分发挥义务劳动教育的育人功能，能实现德、智、体、美、劳彼此相互促进，协力引导学生在各种错综复杂的价值观发生碰撞、产生各种矛盾时坚定理想信念，培养良好的劳动品质。践行科学的义务劳动观既能够让大学生敢于在拼搏奋斗、勇于创新的过程中实现个人梦想，也能够增强他们的学习热情、培育他们热爱劳动的良好行为品质，还能够让他们感受集体的力量、集体的温暖，挥洒汗水、激发创新灵感，自觉培养勤俭节约和积极向上的精神，为国家发展献智献力。高校应把义务劳动教育所取得的阶段性成效与不断完善的党风、社会风气同步协调起来，凝聚大学生健康成长的一切积极因素和力量，尊重各行各业的奋斗成果，逐渐将社会主义核心价值体系内化为价值追求和行为习惯，厚植家国情怀。

二、新时代高校落实立德树人根本任务的重要途径

1. 培育正确的义务劳动价值观，让立德树人工作有声有色

大学生是实现中国梦的坚强后盾，学生的思想道德修养怎么样、科学文化素质的水平如何，直接影响到学生自我价值和社会价值的实现，影响到中国特色社会主义事业建设。义务劳动是实施素质教育的有效途径，高校育人过程中要坚持将理论知识与社会实践相结合，坚持在校教育与义务劳动实践活动相结合，深入了解社会，更好地服务于社会，实现大学生的理想。义务劳动教育是践行理论与实践相结合的有效载体，

是巩固能力结构核心的有效方法，是大学生发展和完善自我的重要途径，是开展立德育人工作不可或缺的关键环节。高校培育学生正确的义务劳动价值观，发挥学生主观能动性，培养学生养成良好的义务劳动习惯，这不仅仅是提倡社会主义荣辱观的内在要求，也是义务劳动教育取得实效的关键所在，更是高校德育工作的需要。高校在义务实践过程中可以提高大学生的义务劳动参与程度，通过深入实际调查让大学生正确地认识义务劳动，让学生好的行为方式转化为内涵，使他的性格、情操、道德观念得以磨炼，养成良好的义务劳动习惯，树立正确的三观。学生在践行义务劳动精神中不断提升自己的技能和本领，掌握为人处世的要领，与社会有机衔接起来，落实立德树人根本任务。

2. 加强和完善义务劳动教育是实现高校人才培养目标的有效方式

在国家产业结构优化升级和转变发展方式不断变化发展的今天，我国现有的人才队伍存在着数量、素质、结构、能力等不适应社会历史潮流发展的情况，甚至部分高校在发展科技、倡导创新的过程中忽略受教育者本身的教育。人工智能、大数据时代对学生动手操作能力和解决实际问题的能力提出更高要求，而人才市场也更倾向拥有科学技术的人才。义务劳动是忘我的劳动，也是创造、奉献的价值所在。义务劳动是学校教育的有机组成部分，是实现社会主义培养目标不可缺少的环节。新时代加强大学生的义务劳动教育，有利于提升大学生参加义务劳动的光荣感，让学生在挥洒汗水、放飞自我中启迪心灵、开启心智，在刻苦奋斗、顽强拼搏中强健体魄、磨炼意志，从而形成健全完善的人格，塑造自己美好的心灵。高校应不断丰富义务劳动实践中的内涵，让大学生在参与义务劳动的过程中落实学生对专业知识的"消化与吸收"，以主人翁的态度对待身边的人和事，这是贯彻高校教育培养目标的重要一环，也是实现党的教育方针的必然要求。

三、新时代促进大学生全面发展的现实需要

随着社会的不断发展，高等教育与社会的关系越来越密切，当代大学生中有部分人存在拜金主义、个人主义、享乐主义思想，轻视甚至蔑视、厌恶劳动；不懂节约、珍惜、感恩，缺乏独立生活的能力，社会适应能力较差。义务劳动可以使人的各方面素质得到全面发展与进步，在有形的实践中实现无形的教育，让学生在最自然、自由的状态中学习科学文化知识，提升自身的专业能力素质，实现社会价值。

首先，应在义务劳动教育中加强思想育人，让学生有理想能担当。科学的义务劳动观能够使大学生积极参与社会劳动实践，树立顽强拼搏、克服困难的勇气和信心，在全社会大力弘扬科学的义务劳动观能够帮助大学生认识到自身的缺点和不足，反对一切不劳而获的负面思想或不良价值观，能够使大学生将我们自古以来倡导的勤俭节约、艰苦奋斗传统美德内化于心并继续发扬光大，增强自身的使命感和责任感，坚定理想信念，成为一名有思想、有觉悟的社会主义建设者。

其次，应在义务劳动教育中加强实践育人，增强学生的实践能力和转换能力。义务劳动是将大学生所学理论与实际相结合的绝佳方式，有利于增强大学生适应社会、服务社会的能力。学校通过具体的义务劳动教育能够提高大学生的动手能力，从简单的以获得知识为中心目标转变为应用知识获得能力为中心目标，将静态的书本知识转化为社会实践中的动态操作，激发学生的求知欲和创造力，提升大学生战胜挫折的能力，培养学生独立生活的能力和快速适应社会的能力，提升自身的综合能力和创新思维，更好地应对学习、生活中的困难，促进大学生全面、和谐和可持续发展的需要。

第三节　大学生应积极参加义务劳动实践

劳动光荣是对人类社会发展规律的重要诠释，是对劳动和劳动者地位、作用、尊严、价值的肯定和推崇。中国梦的践行离不开大学生的义务劳动，在劳动中能够挖掘大学生持久发展的最深层力量，创造辉煌。新时代加强大学生义务劳动教育要树立以生为本的理念，着力在观念、制度、实践、评价四个方面创新实践路径，实现各个环节的有效配合，构建具有内生动力的义务劳动教育体系。

一、大学生积极参加义务劳动实践途径

（一）挖掘中华优秀传统文化中的劳动精神，加深对义务劳动重要性的认识

1. 以中华优秀传统劳动精神激发义务劳动情感

首先，学习传统文化中的义务劳动精神。高校学习传统文化中的劳动精神并不是要推崇体力劳动，而是充分发挥中华优秀传统劳动精神的正面影响，从古人运用智慧在劳动中改变艰苦环境中汲取养分，从古人的劳动实践中领悟义务劳动的真谛。高校可以通过开设与中华优秀传统劳动精神相关的选修课、读书交流会、主题讲座、学术论坛等，邀请校内外专家学者、劳模代表、杰出校友结合自身学习、生活、工作经历深入解读义务劳动精神及义务劳动对促进学生成长成才的重要作用。高校也可以通过放映一些优质的反映义务劳动精神的影视作品，从中挖掘人物形象中的劳动品质，弘扬义务劳动精神，激发新一代大学生热爱劳动、艰苦奋斗的义务劳动情感，为实现中国梦做出应有的贡献。

其次，义务劳动最光荣的观念是民族精神和"党的观念"的统一。一代代中国人筚路蓝缕、以启山林，在革命、建设、改革的过程中所形成的义务劳动精神不断丰富着我们的精神家园。义务劳动精神丰富了民族精神和时代精神的内涵，生动诠释了社会主义核心价值观，汇聚起了实现中国梦的强大力量。弘扬劳模精神和义务劳动民族精神，有助于把义务劳动精神和时代精神统一起来，让大学生养成吃苦耐劳、踏实努力的劳动意志，用所学知识服务社会；有助于把革命、建设、改革中义务劳动精神文

化和社会主义先进文化统一起来，陶冶情操，美化心灵，更好地帮助学生树立正确的三观、培养健全的人格，为社会主义革命、建设提供了有力的道德支撑和精神力量。

最后，通过校园自媒体对义务劳动观教育进行宣传。学校的宣传部门应完善宣传手段，建立社会舆论宣传平台。除了讲座、授课、刊物等传统宣传手段，还应运用新媒体通过在学校官方微博、微信等平台进行宣传，充分利用大学生使用频率较高的媒体软件发布有关义务劳动观教育的内容，使大学生对义务劳动观教育相关知识耳濡目染，克服宣传季节性、周期性太强，造声势的宣传多、讲实效的宣传少的不良倾向，随时做好网络舆论检测，积极与学生在线上线下进行互动，形成双向交流，使宣传更具吸引力、可信度，营造健康向上的义务劳动观教育网络氛围。要让学生觉得义务劳动模范就在身边，从而激励学生向义务劳动模范学习，以源源不断的义务劳动模范精神锻造大学生的劳动意志，积极地发挥网络自媒体对于大学生义务劳动观教育的促进作用。

2. 以义务劳动理论与义务劳动技能的方式摆正义务劳动认知

义务劳动价值观是义务劳动教育的核心内容，也是马克思主义科学"三观"的重要范畴，对高校有意识、有目的地创设一定的情境，创造一定的机会引领大学生对义务劳动形成正确认知发挥着至关重要的作用。

首先，高校应该把成熟的义务劳动理论同大学生的实际创新相融合。可在微视频制作、趣味知识竞赛活动、开展座谈交流等活动中对大学生进行"三观"意识的引导与培养，在义务劳动教育中隐藏起灌输的痕迹，赋予学生义务劳动主体的角色，培养学生热爱劳动、辛勤劳动的情怀，引导他们尊重不同职业的辛勤劳动者，在潜移默化中使其思想认知得到改进与提升。

其次，义务劳动理论教育需要和义务劳动技能相结合。在掌握一些义务劳动常识和从事劳动的基本功的基础上，因人制宜，把义务劳动教育与家庭教育、与时代发展结合起来，在对大学生进行义务劳动价值观教育的同时发挥义务劳动价值观教育的作用，使教育内容转成学生自身稳固的东西，更好地帮助大学生正确认识义务劳动的作用，营造良好的义务劳动观念氛围，把理论知识变成实际技能，促进义务劳动教育由量变向质变转变，达到事半功倍的效果。

（二）建章立制，构建高校义务劳动多角度全方位的教育管理机制

构建完善的义务劳动教育管理机制是高校开展劳动教育的基础。高校要加强义务劳动的过程管理，使劳动的横向和纵向相关环节密切协调起来，使义务劳动取得良好的效果。义务劳动教育光有正确的决策还不够，还要有周密的管理，应对义务劳动全过程进行具体的组织和协调。高校应健全义务劳动教育管理组织，不断地进行义务劳动观教育研究，确定培养目标，制订总体规划和实施细则，建立教学、管理、服务相

结合的管理体制，建立制度规范、分工明确、运行科学、保障有力的义务劳动教育工作体系，确保义务劳动观教育工作的顺利进行。

1. 建立系统化的义务劳动课程育人体系

首先，制度保障义务劳动教育行稳致远。学校党组织及校领导要把义务劳动教育列入学校日常工作机制，精心打造高水平人才培养体系，确保义务劳动教育的常态化、制度化。成立负责劳动教育工作的总体规划和组织实施的领导小组，统筹协调义务劳动教育的场地、经费、人员保障等问题，如学校把劳动教育贯彻、融入教职工日常生活中去；各个党支部要积极发挥先锋模范作用，把义务劳动教育摆在重要位置，让义务劳动教育真正入耳入心；共青团要充分发挥组织育人的优势，在校内成立共青团劳动队，在学子中树立起鲜明的旗帜，积极弘扬义务劳动精神，加强学生义务劳动意识、义务劳动技能和义务劳动安全教育，激励学生增强义务劳动的自觉性和主动性，在义务劳动中学会自我教育、自我管理、自我约束，从而确保义务劳动教育落实落地。

其次，制定分层次的义务劳动教育内容体系。高校要积极挖掘义务劳动教育的育人价值，加强义务劳动课程设置，明确分层次的义务劳动教育内容。要结合不同年级学生的思想行为、专业技能特点和身心发展规律，将义务劳动教育列入必修课程单独开设，明确教学标准和实践教学比重，制订教学目标和教学计划，分类、分阶段制定教学大纲，结合本地资源加强义务劳动教育资源开发，编写具有时代特色、符合学校人才培养目标的劳动教育教材。在课程中探索劳动教育的内涵与外延，激发学生劳动创造的强烈意识和浓厚兴趣，发展学生的想象力，培养学生义务劳动意识和情操。

最后，构建家—校—社三位一体的义务劳动协同育人机制。高校应积极争取家庭和社会的多元支撑，建立学校、家庭、社会联络沟通和资源共享机制，发挥学校义务劳动教育的主渠道作用，推进家、校、社三方的深度融合，汇聚各类义务劳动教育资源和社会力量，构建有效衔接、互相促进、协同育人的义务劳动工作格局。高校通过开展产学研结合的义务劳动实践，可将义务劳动实践教育融入专业能力的教育过程之中，学生深度参与到产学研平台、大学科技园、众创空间等项目的义务劳动实践，促进专业知识和义务劳动深度融合；推进基层义务劳动实践，鼓励更多优秀学生积极服务社会，在志愿服务中会思考、能创造，推动家、校、社三方在义务劳动教育中朝着一个理念、一个方向前行，形成育人合力，培育具有深厚家国情怀的栋梁之材。

2. 构建以学生为主体的学生自主管理模式和运行机制

科学的管理机制是大学生义务劳动观教育顺利实施的有效保障，高校要不断地提高大学生对义务劳动观念的正确认识。学校义务劳动教育同其他教学活动不同，学校义务劳动观念内化为学生的道德信念的过程中受周围环境的影响会出现多种情况，需要学校各职能部门相互协调，规范义务劳动观教育的相关制度，构建以学生为主体的学生自主管理模式和运行机制的方法来开展工作。

首先，以学生自主管理为主。高校可设置学生自我管理的组织机构，主要任务是布置学校义务劳动任务，督察义务劳动成果，培养学生的义务劳动意识和情感，拓宽生命厚度。

其次，教师共同参与管理。教师在组织学生义务劳动时有助于丰富现行义务劳动内容，使义务劳动方式由单一向多样化转变。除指导义务劳动工作外，教师参与到义务劳动实践中，以实际行动作为学生的表率，可以转变学生把义务劳动理解为单纯的体力劳动这种错误的义务劳动观念，让学生充分感受义务劳动教育的丰富多彩与实践创新，为学生自主管理增添信心和力量。

最后，发挥家长的基础作用。义务劳动观教育不能单单依靠学校教育和社会环境的影响，家长的言行是子女行为的榜样，家长对子女义务劳动观的教育发挥了潜移默化的作用。我们大多数人都是首先在父母所主导的义务教育观中认识世界，并在其影响下踏入社会生活中的。家长要转变教育观念，要正确地看待义务劳动，要树立不管是体力义务劳动还是脑力义务劳动都是平等的、都是值得尊重的观点。家长要把自己对待义务劳动的态度通过日常生活中的点点滴滴更直观、更具体、更明显地传递给子女，自觉地为子女做出榜样，让子女在对劳动和劳动人民的热爱与实践中逐渐走向成熟。家长也应多给大学生提供义务劳动平台，使学生掌握正确的劳动方式，培养大学生的独立习惯，提升义务劳动能力。家长可采取一定的奖励制度鼓励子女参加义务劳动，增强他们进行义务劳动时的快乐感，家长在学生进行义务劳动过程中遇到困难时要给予耐心指导，适当时机陪伴子女一起完成劳动，在劳动过程中要能够坚持，通过持之以恒的劳动形成劳动的习惯。

（三）创新载体，实现义务劳动教育与校园文化、社会实践有机融合

1. 加强义务劳动观教育的校园文化建设

健康积极的校园文化有利于推动大学生树立科学的义务劳动观，可以带给学生更多的心理启迪，提高学生的思想认识、心理素质，提高学生的品德修养，陶冶情操，养成健康人格。

首先，设立"校园义务劳动日"。"校园义务劳动日"创设的目的在于组织和号召大家一起参与到义务劳动实践当中，以此来形成一种和谐、积极向上的义务劳动氛围。通过"校园义务劳动日"宣传校园文化，能够提高校园的精神环境和文化氛围，让大学生感受到真实的生活情景，能够提高大学生对义务劳动观教育的关注度，并能让其在义务劳动过程中体会到义务劳动的不容易，学会做到勤俭节约、艰苦奋斗，对帮助大学生树立科学的义务劳动观有着积极的促进作用。具体来讲，就运行方式而言，应尽可能扩大活动的范围以覆盖全校师生；就活动的内容及形式而言，各院系部及学生社团可以义务劳动相关的重大节日为着力点来开展义务劳动观教育，可结合感恩教育、道德实践以及志愿服务等形式来加强宣传与教育。可在校园里定期举办义务劳动教育

专题论坛、学术沙龙、主题比赛等活动以引导大学生参与到校园义务劳动日活动当中，培养大学生的义务劳动观念，使其获得精神层面的收获，从而更加深刻地体会到义务劳动创造价值的含义，同时还能够对义务劳动精神以及生活作风等方面产生一定的教育作用，最终实现提升大学生义务劳动素养、增强大学生思想道德素质以及美化校园环境的目的，使义务劳动教育的目的及作用得以有效实现。

其次，定期开展校内外公益活动。组织与开展各种公益活动，是开展大学生义务劳动教育实践活动的一个重要途径。高校组织学生自愿参加无偿的劳动活动，不仅可以培养大学生甘于奉献的精神，而且能够培养大学生的责任心。高校应结合自身条件给学生提供更多明确而有效的专题义务劳动活动，寻求与借助一些社会资源，如与校外企业单位进行沟通与合作，为大学生创造与开展一些校内外公益活动。在校内外公益活动开始之前要做好宣传与动员工作，使大学生在思想上获得认知与准备，还要充分考虑好活动的各个细节要素及具体的活动策划。公益活动的开展不仅能够加深学生之间的感情，同时能够让学生体会到集体的力量和义务劳动带来的快乐，使其能够在切身参与的过程当中培养起应有的义务劳动观念、义务劳动习惯、集体主义精神以及吃苦耐劳精神。定期开展校内外公益活动可以使大学生在参与专题义务劳动活动的过程中明白每一份劳动都要付出心血，切实体会到义务劳动精神品质的实际意义与价值，从而激发他们对义务劳动的兴趣，逐步养成战胜困难、努力完成劳动任务的意志与信心。学生在参与义务劳动的过程当中获得思想与能力的提升，为义务劳动精神与意识的养成打下扎实的基础，真正实现义务劳动教育的目的。

2. 以创新实践活动引领落实义务劳动行为

高校应结合大学生的实际需求，创新义务劳动教育实践方式和途径，进一步加强义务劳动实践活动的规划与实施，加强义务劳动教育的吸引力和实效性。义务劳动实践活动领域涉及范围广，可以涉及企业、工厂、乡村、小商铺等。安排学生在绿化管理、校园公共区域清洁、课室和图书馆管理等活动中开展义务劳动，让他们既为美化校园出了力又能体会到义务劳动的可贵，提醒他们在平常的学习、生活中注意场地的卫生整洁，共同营造美好的校园环境。义务劳动实践活动的普及面宽，可以跨学院、跨部门、跨校乃至跨社区，通过整合高校乃至社会资源，加强与地方政府、企业、社区的联系，共建义务劳动教育实践基地，让学生走进基层、走进军营，扎根中国大地，了解国情，在克服困难、互相协助的义务劳动实践过程中"受教育、长才干、做奉献"，推动义务教育工作向纵深发展。

3. 拓展义务劳动教育场域，提升大学生就业创业创造能力

传统教育观念下的高校义务劳动教育较为零散、缺乏科技含量，需要我们在建设中国特色社会主义现代化事业中大力拓展高校义务劳动教育场域，提升当代大学生的创造能力，培养专业技能过硬、自主创新能力较强的义务劳动者。

首先,着力培养大学生"义务劳动+创新思维"能力。高校要关注新兴技术支撑和时代的新变化,营造与社会发展相适应的人文氛围,从而提升学生感知享受和创造美的能力,提升大学生就业创业创造能力。

其次,着力夯实"网络+义务劳动"基础。与云计算、大数据、5G、物联网、区块链、人工智能等新技术相衔接,开辟"理论+生产技能"的复合型育人基地,创新人工智能与智能科学和义务劳动的协同发展模式,引导学生"线上线下"互动、开展创造性义务劳动,在脑力劳动与体力劳动的有机复合与交叉中激发学生的创造兴趣,增强学生的创新创造运用能力。

(四)以生为本,构建以学生获得感为核心的多元化评价体系

健全高校与时俱进的义务劳动观教育考核评价机制,是促进义务劳动教育健康发展、深入推进的动力和制度保障。合理的考核评价机制能将义务劳动观教育的结果纳入大学生的考核评价体系中,是提高义务劳动观教育质量和有效性的关键。高校通过多元化义务劳动教育评价体系,更好地促进义务劳动教育工作合理化、规范化。

首先,对义务劳动观教育理论知识的考核,可采用书面考试形式完成。学校应该建立参加学校义务劳动的学生档案,每个学生一档,定期记载学生平时、学期、学年的考核情况,将考核结果存入档案,形成平时注重劳动效果,学期、学年注重总结性等级评定的考评机制,并作为年度评优评先的重要依据。

其次,高校对义务劳动观教育实践知识的考核,要将义务劳动教育的成绩纳入学生综合素质测评体系,作为学生评奖评优的重要依据。高校可以让学生参与义务劳动专项奖学金的评选,在坚持理论学习与义务实践活动中激发学生参与义务劳动教育的积极性和主动性。学生通过书面测试的方式来检测自己对义务劳动理论内容的掌握情况,还可以通过实践心得、答辩交流等形式来巩固义务劳动实践成果。学生通过自评与他评相结合,撰写详细说明义务劳动的内容、过程、成果以及自身的实践感悟与影响的义务实践心得提升自己的义务劳动素养和实际那能力。专业老师要根据学生义务劳动过程中的组织纪律、劳动态度、实践心得以及学生义务劳动中的作品成果等进行综合评价,大学生能更好地在全面可持续发展的考核评价中不断发现不足,进行有效的反思与总结,增强自己与时代接轨的实力。

最后,牢牢抓队伍建设不放手,建立科学考核的长效机制。建立与时俱进的评价体系对于大学生义务劳动教育的成效具有重要推动作用。高校对义务劳动教育成效的评价要立足于义务劳动教育主体,评价的重心应涵盖学生的义务劳动观念、精神、习惯以及技能等方面,构建具有科学性、层次性、系统性和可操作性的评价指标体系,树立以学生获得感为核心的评价导向,在常态化、规范化、法制化的实践过程中全面真实地反映学生在不同义务劳动教育形式中的获得感。学校要引导大学生在学会干、自然干到习惯干中发展提升,注重义务劳动过程中学生的习得,让学生通过劳动感知

建立"义务劳动幸福观"。学生通过真情实感的交流互动,形成从责任心、创新力到创造力的质的飞跃。高校要让更多大学生群体积极参与到义务劳动活动中来,坚持义务劳动观教育考核的连续性和持续性。

二、大学生积极参加义务劳动实践设计方案

(一)大学生积极参加义务劳动实践设计一:校园义务劳动教育方案

校园义务劳动教育方案(范本)

活动目的

通过组织义务劳动,倡导吃苦耐劳的精神,提高学生团队合作精神,丰富课余生活。

活动主题

跳蚤义卖,奉献爱心我争先;图书馆义务劳动,人人有责;食堂义务劳动活动;校园义务劳动公益展;开展义务劳动主题宣传海报评比活动;慰问敬老院活动等。

活动前期准备

1.确定义务劳动人员的组织安排以及管理机制。如由×××组织负责参与活动同学的工作,×××负责宣传工作,×××负责活动规划,×××负责网络工作,×××负责人员的分配工作。

2.确定义务劳动活动的时间及地点。

3.确定活动的流程及注意事项。

4.记录义务劳动记录卡,进行活动的总结。

(二)大学生积极参加义务劳动实践设计二:撰写一篇义务劳动心得体会

撰写一篇义务劳动心得体会文章,要求:①字数在1200字以上;②要有具体的义务劳动场景描写、评价;③劳动过后的劳动体会。

[案例]

"广东好人"张军文:义务劳动6 000个小时

提起大学生张军文,在广东公益界无人不知。作为一名从事义务劳动公益事业长达10年之久、义务劳动服务6 000多小时的义务劳动公益人来说,张军文认为获得荣誉其实并不重要,他更在乎的是义务劳动公益事业本身,能够帮助别人就是最大的收获。

1.义务劳动服务不为自己,帮助他人最重要

张军文在荣获"广东好人"称号的时候曾经发自肺腑地说:"有很多人问我做义务劳动者究竟图个什么?我的回答是做义务劳动者可以帮助到更多人,可以让帮助过

的人都能过上好的生活，还可以让更多的志愿者参与到义务劳动公益事业中，更多的义务劳动者也能参与到公益事业中。"相比起获得的荣誉，张军文更想把自己的志愿者经历展示给大家，让更多人加入志愿服务的行列。

张军文在广东义务劳动服务界小有名气，但是最初参与到义务劳动服务却源于一次偶然。在一次社区的义务劳动活动中，张军文深深地感受到原来在这个社会上还有很多需要帮助的人。也是这次义务劳动活动，让他坚定了从事义务劳动服务的决心，这一干就是10多年、6 000多个小时，最终实现了他自身的人生价值。

2. 义务劳动贵在坚持，坚守初心尤为重要

张军文在义务劳动服务中的坚持是多方面的，6 000多小时如果换算在十几年的时间里，足足占据了他大量的时间。然而，当有人问起义务劳动服务6 000多小时是一种什么样的体验时，张军文却表示连他都不知道自己已经义务劳动服务了这么长的时间，因为只要发现有人遇到困难时，他的内心总会驱使自己第一时间提供力所能及的帮助。每次能够帮助别人，张军文都感到很满足，义务劳动公益早就成了他生活不可或缺的一部分，已然成为他的第二生活了。

对于张军文来说，义务劳动服务已经渗进他的血液中，透露在日常的点点滴滴之中。在他的身上，义务劳动服务是一种精神，这种精神包含着中国传统美德的方方面面，热情孝顺、和蔼可亲、无私帮助、古道热肠、等等，一言一行当中，张军文把义务劳动服务做到了极致。他不但自己频繁地从事义务劳动服务，更想把这份事业传承下去，他将义务劳动服务与教学培训紧密结合在一起，把自己的义务劳动服务经验无偿地传授给每一个有志于义务劳动服务的人，让参与义务劳动服务的人越来越多、越来越优秀。

3. 义务劳动服务点点滴滴见真情

如果说从事义务劳动服务有所收获，那么张军文收获的最多的就是感恩和快乐。在福利院的孤儿们眼里，张军文是他们的"好爸爸"，张军文既能和他们玩游戏，又能教他们读书。在养老院的老人们眼里，张军文是他们的"好儿子"，张军文肯花时间陪大家聊天说话，过年过节也会抽时间探望他们。在医院的病人们眼里，张军文是他们的"好大哥"，张军文不仅在物质上提供资助，同时也鼓励着他们自强不息。不同的志愿者角色收获了不同的快乐，这是一种最大的享受。张军文说："可能我帮助了一些人，做了一些事情，但这些远远是不够的，我还想发挥更大的作用去帮助更多需要帮助的群体。"

第十一章　大学生企业实训的劳动教育与实践

第一节　做好企业实训劳动教育，增强劳动意识

一、企业实训劳动教育划分

中共中央、国务院在《关于全面加强新时代大中小学劳动教育的意见》中将非生产劳动教育分为日常生活劳动教育和服务性劳动教育，后者具有较强的时代特点，注重利用知识、技能、工具、设备等为他人和社会提供服务，特别是在公益劳动、志愿服务中强化社会责任，培养良好的社会公德，如强调高校应"注重培育公共服务意识，使学生具有面对重大疫情、灾害等危机主动作为的奉献精神"。日常生活劳动、生产劳动、服务性劳动三类劳动教育内容不同，各学段有所侧重，但从总体上看三者都很重要，不能偏废。

企业实训劳动教育，是指校企合作，按照人才培养规律与目标对学生进行职业技术应用能力训练的教学过程，实训的最终目的是全面提高学生的职业素质，提升学生的专业技能。企业实训劳动教育可划分为不同类型：①从内容上划分，可分为动手操作技能实训和心智技能实训，包含综合素质要求（创业和就业能力）实训。②从时空上分，有校内实训和校外实训，包括教学见习、认识实训和生产实训等。③从形式上分，有技能鉴定达标实训和岗位素质达标实训，囊括通用技能实训和专项技能实训。

二、劳动意识贯穿于企业实训劳动教育的始终

企业实训劳动教育正是践行劳动教育理念，让学生通过到企业开展实习实训以提升劳动素养的方式，有利于促进学生全面发展的教育活动。如何树立"劳动价值观"成为企业培养劳动素养的核心内涵，企业实训劳动教育是一项有助于促进学生形成劳动价值观（确立正确的劳动观点、积极的劳动态度以及热爱劳动和劳动人民等）和养成良好的劳动素养（形成劳动习惯、掌握一定的劳动知识与技能、有能力开展创造性劳动等）的教育活动，通过企业实训劳动教育可以增强学生相关劳动意识：

（1）有利于提高学生的动手能力和思维水平。参加企业实训一方面可以培养学生运用所学知识解决实际问题的能力；另一方面，可以通过学生的积极参与、具体操作提高学生的动手能力，使感性知识和理论知识相互印证。

（2）有利于培养学生参与实践和主动创新的意识。企业实训解决了学生渴望了解社会、了解他人、探索未知、探索未来的精神需要。学生在实践操作过程中，充分利

用已有的生活经验和想象来进行思考和操作，自主解决问题，培养起主体意识。

（3）有利于增强学生适应未来发展的需要。要让学生适应企业工作环境，参加劳动实践是有效的途径之一。参加企业实训培育掌握一定的劳动技能，既是未来生活和工作的外在要求，也是学生更好地适应未来生活和发展的内在追求。

（4）有利于增强学生的主体意识，培养团队合作精神。企业实训围绕一个目标开展主题性、综合性的实践活动，可以引领学生学会合作，增强学生的自主发展意识，培养学生的合作技能，涵养合作精神。

第二节 规范企业实训劳动实践，落实劳动责任

一、企业实训劳动实践应与时俱进

劳动教育作为一种提升学生劳动素养的方式，是一项可以促进学生全面发展的教育活动。因此，在当前形势下应当大力倡导劳动教育，但劳动教育的责任要落到实处，其观念与实践都应当与时俱进。2020年年初，始料未及的新型冠状病毒疫情让大部分民众成为"宅男""宅女"，让好友相会变成视频聊天、亲朋相聚变成隔空拜年。蔓延的疫情给大家带来了焦急不安，但最美"逆行者"给全民带来了温暖。在新冠肺炎防控工作中，我国各行各业特别是医疗卫生行业劳动者表现出了无私奉献和大无畏的牺牲精神。党中央、国务院在《关于全面加强新时代大中小学劳动教育的意见》中特别突出强调："注重挖掘在抗疫救灾等重大事件中涌现出来的典型人物和事迹，大力宣传不畏艰难、百折不挠、敢于担当的高尚品格。"文件同时还要求，要宣传推广劳动教育的典型经验，营造良好的舆论氛围，特别要旗帜鲜明地反对一切不劳而获、贪图享乐、崇尚暴富的错误观念。在劳动教育实施过程中，要紧跟时代的脚步，顺应变化，树立正确的价值观，培养学生的良好品质，鞭策他们不断地去完善自我，争做时代的先锋。

二、整合资源，深化校企产教融合

企业实训要通过资源整合，不断深化校企产教融合，给学生提供更多的劳动场所。应加强劳动教育与其他社会资源之间的联系，满足多样化人才培养劳动实践的需求。"实训＝素质＋技能＋经验"，对于学生来讲，通过企业实训，一方面可以增加实践经验，另一方面可以降低就业的成本和风险，增加就业的机会。企业实训劳动教育主要面向企业培养实用员工，对企业而言其本质不是培训而是预就业，以"就业"为诉求点，经历"补强阶段＋实操阶段＋实习阶段＋就业阶段"的实训过程，实现劳动教育过程与企业无缝衔接。

在2020年全国教育工作会议上，教育部部长陈宝生对构建劳动教育责任链条做出重要部署。落实劳动教育，不仅是各级各类学校的重要责任，也是学生家庭和社会企事业单位的重要责任，更是各级政府的重要责任，任何一方缺一不可。只有以学校为主体的各个方面都切实承担起并履行好各自的责任，才能合力落实好劳动教育，培养和提高学生的劳动素质。构建责任链条，是将劳动教育从认识转化为行动的重要机制，也是改变某些地方只喊口号却无行动甚至抵触劳动教育这一现象的有力手段，更是化解落实劳动教育难题的有效方法。构建劳动教育责任链条，需要解决两个关键问题：一是要明晰各个方面的责任，杜绝"空心环节"；二是要让相关方面切实履行各自的责任，避免链条成为摆设。

三、合力落实企业实训劳动教育责任链条

在合力落实企业实训劳动实践责任链条中，学校是实施劳动教育的主体。各级各类学校应当将培养和提高学生的劳动素质作为学校人才培养目标的重要内容，将劳动教育列入学校统一规划和重要工作安排；应当根据学生发展的阶段性特点，在教育体系、课程体系和校内外活动中安排必要的时间，组织和指导学生开展各种劳动实践；应当建立并实行学生参加教室和校园卫生劳动制度，小学中、高年级应当建立并实行学生参加校外公益服务劳动制度，中等及以上学校应建立并实行学生参加见习实习劳动和社会生产劳动制度（包括有条件的学生参加家庭生产劳动制度），规定适合学生年龄特点的劳动时间，可以探索对参与的学生和班级或院（系）实行积分制，将积分作为学生综合素质评价和班级或院（系）评优的重要依据之一；将加强劳动教育专兼职师资建设列入教师队伍建设规划，将有效实施劳动教育列入教师考核标准，高度重视保障劳动教育校内资源建设和配置；应当制定保护学生劳动安全的操作细则。

在合力落实劳动教育责任链条中，各级政府要切实肩负起指导、支持和监督的责任，肩负起构建完整链条、让链条有效运行不掉链子的责任。各级政府尤其是县（区）人民政府应当以文件形式明确各相关方面的劳动教育责任，将其纳入教育督导的考核内容，并规定督导考核和奖惩办法，多渠道保障劳动责任。

各级教育行政机关应当将加强和改进劳动教育纳入教育规划及年度工作计划；对各级各类学校劳动教育工作的目标、课程、教学、活动方式和学生的综合素质评价以及劳动教育中的安全责任等内容的制定提供具体的、可操作的指导文件；为学校劳动教育提供必要的经费保障，为专职师资建设提供培训、技术职务评聘、校际共享等政策支持；考虑将劳动教育纳入教育行政机关和学校督导评价以及学校领导述职考核等。

四、建立健全保障机制

各相关单位可以根据各自业务特点，分别从营造劳动教育的舆论环境、提供劳动教育的专用实践基地、鼓励企事业单位提供劳动教育精神奖励和政策优惠、鼓励保险

等金融机构提供公益性学生劳动保险等方面承担责任。各级工青妇组织应根据各自群团组织的特点,承担起为学校实施劳动教育提供校外兼职教师和青年志愿者等的责任。特别是校企双方要确保企业实训实践基地建设前期的经费投入及后期的维护和活动经费的投入。鼓励企业实训劳动实践基地开展自我造血功能的研发,最终实现自给自足。倡导学生接受爱心企业的支持与资助,在接受帮助的同时,也以学生的专业特长助力企业完成社会责任建设。

在落实企业实训劳动实践责任链条建设中,要开展供给侧改革,精准对接社会和企业需求,完成如下保障:

(1)加强双师型师资队伍建设保障。要根据劳动教育课程体系建设与企业实训实施途径,配齐相关教师、提升学科和专业教师劳动教育素养,聘请劳动模范、大国工匠等担任实践导师,建设专、兼职结合的劳动教育师资队伍,是全过程、多渠道实施劳动教育的重要保障。

(2)加强企业实训实践基地建设保障。校企双方应根据劳动教育需求建好配齐稳定的企业实习和劳动实践基地,满足学生劳动实践的需求。行业企业应积极参与学校组织的劳动教育实训活动,为学生体验现代科技条件下劳动实践新形态、新方式提供支持。

(3)建立健全企业实训社会资源保障机制。政府应通过政策引导和舆论宣传在全社会营造热爱劳动、崇尚劳动,关心和支持劳动教育的良好社会氛围。鼓励行业企业积极参与劳动教育,为学生提供劳动实践场所和参与劳动实践的机会,并对参与支持学校劳动教育的行业企业、社会机构给予表彰或奖励。加强对师生的劳动安全教育,强化劳动风险意识,建立健全安全教育与管理并重的劳动安全保障体系。

第三节 完善企业劳动预案,确保劳动有序

一、防患于未然

中共中央、国务院在《关于全面加强新时代大中小学劳动教育的意见》中明确提出,"各学校要加强对师生的劳动安全教育,强化劳动风险意识,建立健全安全教育与管理并重的劳动安全保障体系。科学评估劳动实践活动的安全风险,认真排查、清除学生劳动实践中的各种隐患特别是辐射、疾病传染等,在场所设施选择、材料选用、工具设备和防护用品使用、活动流程等方面制定安全、科学的操作规范,强化对劳动过程每个岗位的管理,明确各方责任,防患于未然。制订劳动实践活动风险防控预案,完善应急与事故处理机制"。

"安全第一,预防为主。"在企业实训劳动中,要加强企业劳动预案建设,形成

推动学校企业等企事业单位各项工作的核心竞争力。通过强化管理，建立适应企业管理的劳动预案、员工行为规范；全面贯彻落实，开展全面系统和高强度的培训，形成良好的企业劳动建设氛围；通过对劳动安全理念的层层宣贯，形成良好的劳动特征、岗位标准、岗位职责和安全教育口号；同时通过制度规范，推进行为养成，使企业核心价值理念、基本价值理念、员工行为公约等各种行为规范为员工所认知、熟记、掌握，确保劳动有序。

二、劳动应急预案的制订与启动程序

预案，是指根据评估分析或经验确定应急救援的范围和体系，对潜在的或可能发生的突发事件的类别和影响程度而事先制订的应急处置方案，能够有效地降低企业事故纠纷后果，提高风险防范意识。在开展劳动教育中，为及时有效地防范和处置劳动安全事件，各单位要认真贯彻"安全第一，预防为主"的方针，结合实际情况，制订本单位的劳动应急预案，对劳动安全事件做到统一领导、分级管理、落实措施、及时排危抢险，最大限度地减少劳动事件造成的危害、损失及其他不良影响。当劳动安全事件发生时，应第一时间报告组织，根据领导指令启动劳动安全事件应急预案，以最快的速度奔赴事发现场，迅速有序地展开救援工作，并保留、维持好现场。发生劳动突发事件时，应明确汇报以下信息：事件发生的时间及地点、事件类别、事故原因、目前状况、后果估计、影响范围和已采取的应急措施、报告人姓名及联系电话等，并随时报告事件后续的发展和处置情况，做好相关记录上报单位领导及相关职能部门，不得迟报、谎报、瞒报和漏报。此外，在救援过程中要注意事发现场的保护及相关人员的心理抚慰工作，尽量将突发事件的危害降到最低程度。

三、突发公共卫生事件中的劳动应急预案

2020年春天新型冠状病毒疫情让人始料未及，国务院新闻办公室在2020年6月7日发布的《抗击新冠肺炎疫情的中国行动》白皮书中指出，这是近百年来人类遭遇的影响范围最广的全球性大流行病，对全世界而言是一次严重危机和严峻考验，人类生命安全和健康面临重大威胁。疫情就是命令，防控就是责任。在以习近平总书记为核心的党中央的坚强领导下，各级党组织和广大党员干部、医务工作者全面落实联防联控措施，构筑起群防群治的严密防线。教育部也在相关文件中强调，各高校要对疫情防控期间学生的实习情况进行全面排查，掌握正在开展的实习、计划开展的实习等情况，尤其是要摸清实习学生的实习计划、实习地点、时间安排、工作生活环境、安全防护措施等情况。

特别是针对疫情突发期间已在校外实习岗位的学生，各类学校应按照国家有关规定启动相应的应急预案，立即协调实习单位切实做好师生安全防护工作，要加强疫情监控，密切注意学生身体健康状况，严格遵守实习地疫情防控要求与相关法规，主动

配合做好医学筛查，严格控制学生外出活动，及时掌握学生工作生活情况。跟岗教师要加强对实习学生的预防教育和常规管理，与学生及家长进行沟通联络，全时段全过程掌握学生实习动态和身体状况。根据应急预案与教育部门相关通知，实习学生中出现疑似症状者或确诊患者的，学校要积极协调实习单位，双方共同按照当地疫情防控工作要求妥善处置，及时联系学生家长告知有关情况，并向当地有关疫情防控部门和省教育厅报告。正在校外进行实习的学生，要严格遵守当地人员流动的管理规定，待相关条件允许后方可返回，其间要做好相关心理疏导和生活保障。对于暂未开展而拟于本学期进行的实习活动要立即与实习单位衔接，延期组织实习，并及时通知学生及家长，待疫情解除后再进行。

参考文献

[1] 马慧.新时代高校加强劳动教育的理论意蕴、时代省思与现实路径[J].林区教学，2023（3）：96-99.

[2] 张敏.协同视域下高校劳动教育思政功能的实践方略[J].高校教育管理，2023，17（2）：44-51.

[3] 温双艳.人工智能时代高校劳动教育的推进路径探究[J].中国教育学刊，2023（3）：113.

[4] 唐雁，韩猛，魏寒冰.新时代高校劳动教育实践路径研究[J].现代商贸工业，2023，44（7）：112-114.

[5] 杨英，李莹，谢爱琳.多学科视角下高校劳动教育的实现路径[J].黑龙江高教研究，2023，41（3）：143-148.

[6] 娄刚.新时代贵州高校劳动教育的现状与实施路径[J].遵义师范学院学报，2023，25（1）：115-119.

[7] 卢玉亮，曹宁.新时代高校劳动教育实效性评价的遵循、原则与路径[J].中国轻工教育，2023，26（1）：55-62.

[8] 陈豫岚.地方应用型高校劳动教育模式创新研究[J].黑龙江教师发展学院学报，2023，42（2）：21-23.

[9] 汪媛，张正光.延安时期陕甘宁边区高校劳动教育的历史审视[J].延安大学学报（社会科学版），2023，45（1）：55-62.

[10] 葛玉晶.劳动教育融入高校"思想道德与法治"课的探索[J].成才之路，2023（5）：29-32.

[11] 郭文飞，茹亚辉.新时代劳动教育纳入高校思政课程论析[J].衡水学院学报，2023，25（1）：51-54.

[12] 许泽浩，刁衍斌.基于系统思维的高校劳动教育人才培养路径探索[J].高教探索，2023（1）：114-118.

[13] 王钰岚，沈晓婷，丁铁锋.新时代高校劳动教育与职业素养教育融合性研究[J].科技风，2023（3）：50-52.

[14] 鲁珺.高校思政教育与劳动教育协同育人策略研究[J].湖北开放职业学院学报，2023，36（2）：85-87.

[15] 王悦，郝博群.应用型本科高校劳动教育的实施及评估机制研究[J].通化师范学院学报，2023，44（1）：131-136.

[16] 张志元，亓雅楠. 劳模精神融入高校劳动教育的路径探析 [J]. 山东工会论坛，2023，29（1）：1-8.

[17] 刘钊熠. "三全育人"视域下加强高校劳动教育的实践路径 [J]. 黑龙江教师发展学院学报，2023，42（1）：6-8.

[18] 杨丽，胡泊. "五育融合"理念下高校加强劳动教育对策研究 [J]. 吉林省教育学院学报，2023，39（1）：40-47.

[19] 王伟江. 高校劳动教育课程建设的价值、困境与路径研究 [J]. 林区教学，2023（1）：92-95.

[20] 杨莲霞，李玉妹. "五维一体"：新时代全面加强高校劳动教育实践路径刍议 [J]. 河北师范大学学报（教育科学版），2023，25（1）：79-83.

[21] 黄洁. 疏离与回归：新时代高校劳动教育的现状审视及路径选择 [J]. 北京工业职业技术学院学报，2023，22（1）：77-81.

[22] 巩萱萱. 高校红色教育与劳动教育协同育人的理论基础与实践路径 [J]. 西部素质教育，2023，9（1）：37-40.

[23] 杨柳，才忠喜. 高校大学生劳动教育的现状及对策 [J]. 西部素质教育，2023，9（1）：77-80.

[24] 邱君捷. 高校大学生高度深化认识劳动教育的时代急迫性 [J]. 教育教学论坛，2023（1）：173-176.

[25] 苏玲，卢清华，刘振中，陈祉，李杨，王雅嘉. 新时代高校劳动教育模式实施路径创新机制研究：以南华大学为例 [J]. 中国多媒体与网络教学学报（上旬刊），2023（01）：70-74.